DE UN TIEMPO A LA ETERNIDAD

CÍNTHIA CORTEGOSO

Traducción al Español:
J.Thomas Saldias, MSc.
Trujillo, Perú, Enero, 2024

Título Original en Portugués:

"DE UM TEMPO À ETERNIDADE"

© Cínthia Cortegoso, 2015

Traducido al Español de la versión Portuguesa del 18 de Diciembre de 2015

World Spiritist Institute

Houston, Texas, USA

E-mail: contact@worldspiritistinstitute.org

Índice

PREFACIO 5
AGRADECIMIENTOS 6
ETERNIDAD 7
La distancia no existe para el rayo de sol 8
Como el tren que regresa a la estación 14
Aiko y Gris en la mesa de las existencias 18
Juan García y el secreto de una vida 22
De repente llega la lluvia y alegra la vida 37
Las historias tienen un comienzo y se perpetúan a través del tiempo. 41
Una tarde más 46
Ni siquiera el Sol podría vivir para la Luna 48
La hierba verde pasa a través del tiempo. 53
Hay cebollas para cortar 60
En medio de la aridez, Bahareh y la señora Margot encontraron la paz 64
Gente de aquí y gente de allá 77
Aliento para el de una madre. 85
Un sueño en el momento de la muerte. 93
Las flores que nacen de las lágrimas del dolor. 98
El sentimiento de Allegra. 103
Las semillas plantadas darán sus frutos. 110
Una frase, una mirada, una vida. 115
Solo un cono de helado 119
Una blanca Navidad como el azúcar fino 124
Un espíritu acompañando los lazos de la Tierra 130
Una niña en la búsqueda de un mundo mejor 134
La pequeñita que aprendió a compartir 138
El arte más sublime: amar en este momento. 141
Ventanas que se abren en Nochebuena 149

Del Traductor

Jesus Thomas Saldias, MSc., nació en Trujillo, Perú.

Desde los años 80's conoció la doctrina espírita gracias a su estadía en Brasil donde tuvo oportunidad de interactuar a través de médiums con el Dr. Napoleón Rodriguez Laureano, quien se convirtió en su mentor y guía espiritual.

Posteriormente se mudó al Estado de Texas, en los Estados Unidos y se graduó en la carrera de Zootecnia en la Universidad de Texas A&M. Obtuvo también su Maestría en Ciencias de Fauna Silvestre siguiendo sus estudios de Doctorado en la misma universidad.

Terminada su carrera académica, estableció la empresa *Global Specialized Consultants LLC* a través de la cual promovió el Uso Sostenible de Recursos Naturales a través de Latino América y luego fue partícipe de la formación del **World Spiritist Institute**, registrado en el Estado de Texas como una ONG sin fines de lucro con la finalidad de promover la divulgación de la doctrina espírita.

Actualmente se encuentra trabajando desde Perú en la traducción de libros de varios médiums y espíritus del portugués al español, habiendo traducido más de 290 títulos, así como conduciendo el programa "La Hora de los Espíritus."

PREFACIO

En la vida, cada uno es un personaje de sus historias. Para todo hay un tiempo, un lugar, un narrador, una historia y sobre todo una ocasión en la que la existencia cambia. Algunos de estos momentos son más suaves; otros, intensos; muchos, realmente difíciles; sin embargo, son la reacción de actos pasados o muy recientes que ya tienen repercusiones ahora.

Al igual que la vida real, la literatura del cuento tiene su desarrollo, su sorpresa de encuentros y desencuentros, de amor y su ausencia, de paz y tormenta, de anhelo y abrazo, de comprensión y desacuerdo, de libertad y de la prisión, de la aceptación de ciertos hechos, que solo un corazón amoroso puede ser capaz de realizar.

De un tiempo a la eternidad trae la emoción de muchos sentimientos y sucesos con los que la chispa de la lectura, en sus formas sutiles y materializadas, puede identificarse.

Y cuando leemos historias similares a las que hemos vivido o incluso más frágiles y somos testigos de las características de personajes cuya identificación es inmediata para nosotros, entonces vemos que infinitos universos individuales participan de un universo mayor y, así, podemos sentir que en todos los momentos, incluso en los más delicados, no estamos solos. Hay un observador omnisciente para apoyarnos a través de sus amables personajes secundarios en las líneas de nuestras historias.

AGRADECIMIENTOS

Doy gracias a Dios por la vida, absoluta maravilla.

A mis padres, queridos compañeros de camino.

A Astolfo Olegário de Oliveira Filho, tantas oportunidades, como ésta.

A Marina de Paula, todo el apoyo y dedicación.

Algunos podrán observar que arriba está la misma dedicatoria que mi primer libro "*Enteramente sobre la vida*", solo podría serlo, ya que también es el mismo maravilloso apoyo que recibo. ¡Qué bueno!

Pero todavía dedico este trabajo a todos los lectores que ya conocen mis palabras y a aquellos que seguramente las conocerán, ya que el intercambio de experiencias genera luz y amor en los días actuales y venideros.

ETERNIDAD...

Un tiempo inconmensurable y, en cierto modo, incomprensible, pero más allá de todo... extraordinario.

Ser para siempre, mejorar, vivir, conocer, amar, aprender a no sufrir y amar aún más, sentir la pura nobleza de la vida, porque si es eterna, entonces que la luz y el bien sea también por la eternidad, la bondad y el amor.

La distancia no existe para el rayo de sol

Había una acera estrecha alrededor de la casa. Aparte de eso, la tierra completaba el patio. Unas gallinas, camperas en libertad, daban el poco dinamismo al lugar y además proporcionaban huevos para casi todas las comidas.

El huerto era solo un simple huerto con algunas verduras; sin embargo, es mejor tener poco que nada. El agua era escasa en la región y no había manera de mantener áreas de siembra más grandes.

El pozo artesiano era el recurso más importante del lugar; en el fundo, el agua estaba viva y contenía vida.

Dos veces al día, la joven campesina que vivía en la casa iba al pozo y tomaba dos cubos del bálsamo saludable. Los llevaba a la casa. Sacó una cacerola y se la puso a las gallinas. Estos parecían sonreír cuando se les ofrecía agua e incluso poca comida.

Una señora, abuela de la joven y también vecina de la casa, se presentó en la puerta de la cocina sin hora concreta. Miró al cielo y a la línea recta del infinito y se dio cuenta que la inmensidad de la vida era la riqueza regalada por Dios.

En segundos, tantos recuerdos volvieron... logros, dificultades que resultaron en que la experimentada mujer y compañera de su marido, un hombre sencillo y honesto, que había pasado buena parte de su vida a su lado; él, hacía algún tiempo, ya no compartía el mundo de la materia.

La señora tampoco podía olvidar a su hija, madre de su nieta, pero ésta ya era su única familia.

Sin embargo, unos ojos perdidos en sus pensamientos estaban, en cierto modo, en armonía con la vida actual. La abuela tenía a su nieta, una casita, los animales que tanto quería; sin embargo, ya no podía cuidarlos debido a su frágil salud. Pero la abuela podía hablar con su nieta... y reír... y explicar... y enseñar tantas cosas.

Y los dos se entendían muy bien y se querían por encima de todo.

– ¡Abuela, ven! Hice café y preparé unos pastelitos. ¡Ven, abuela! – Pidió la nieta.

Esos cafés, de la tarde, fueron el comienzo de una larga "prosa" como decía la señora.

– ¡Sí, mi nieta! Ten paciencia, porque para dar la vuelta necesito hacer mucha planificación para que las partes de mi cuerpo no se pierdan – la señora, siempre juguetona, buscaba el paisaje dentro de la casa.

Dejó que los recuerdos se desvanecieran en el horizonte.

– ¡Qué buen olor! Tan joven, querida, y tan talentosa. ¡Qué felicidad para nosotros! – Dijo la abuela.

– ¡Ay, abuela! Pero fuiste tú quien me enseñó todo lo que sé. Eres mi abuela, mi madre, mi amiga... – los ojos de la niña se abrieron como platos.

– Oh, mi querida nieta. Eres la luz que ilumina mi vida. ¡No llores, no! A comer las empanadillas... ¡Y deben estar riquísimas! – La fortaleció la abuela.

La nieta se secó los ojos, apretó cariñosamente la mano de su abuela y comenzó a comer su merienda.

Las gallinas desfilaron frente a la puerta con la esperanza de ganar un trozo de pastelito.

Y la conversación entre la familia siempre fue muy animada, por lo divertido que tenía que contar la abuela.

Y aquellas manos sencillas, las de la abuela y la niña, se posaron sobre la mesa. Ambas estaban alimentadas y simplemente felices. La señora ya le había enseñado que la responsabilidad es individual respecto del puesto que cada uno ocupa en la existencia.

La abuela también decía que según el pensamiento, la actitud, la palabra y el sentimiento, conquistarás un corazón más ligero y contento o una conciencia con una carga pesada. A todos se les da libre albedrío. Y la abuela explicó tantas cosas.

Quizás la señora estaba demasiado preocupada por una situación relacionada con su nieta, pues "¿con quién se quedaría la niña cuando le llegara su hora?", estas fueron las palabras que angustiaron a la abuela; sin embargo, se sabe que todos son apoyados.

Esa tarde, el tiempo empezó a cambiar; las nubes comenzaron a llenar el cielo. El azul había dado paso al gris de las nubes de lluvia, bálsamo de la vida, que hacía tanto tiempo que no se sentía.

Y las dos se levantaron y se dirigieron a la puerta para presenciar las primeras gotas de lluvia. Esa tarde, toda la naturaleza quiso ser bendecida por el agua que brotaba del cielo y que prepararía la vida para ser más vida.

- ¡Hija mía, mira el agua cristalina! Qué maravilloso es el Señor por darnos este camino - habló la abuela con tanta fe y admiración.

- Sí, abuela. ¡Cuántas bendiciones! - Asintió la nieta.

Y estos pares de ojos quedaron encantados con la vida que brotaba desde arriba.

Y la niña se sintió fortalecida por las innumerables veces que su abuela le explicó tanto sobre la vida. Y la nieta había creado confianza, como la lluvia que, poco a poco, mojó toda la tierra y la preparó para la siembra y el pasto natural.

Durante la noche, la lluvia era tan segura como las estrellas en el cielo en una noche clara. Y las dos durmieron y descansaron, y cayó el agua para alimentar y limpiar.

Amaneció y la lluvia continuó; la nieta se había levantado y caminado hacia la puerta para observar de cerca la riqueza enviada del cielo. El bálsamo seguía brotando intensamente.

Calentó el agua para el café. La abuela aun no había venido a la cocina; la nieta empezó a encontrarlo extraño.

- Tal vez sea por el calor de la lluvia que hace tanto tiempo que no está presente para nosotros - dijo la nieta en voz baja.

Pasó el café, puso la sencilla mesa con algunas tartas de la tarde anterior y la abuela aun no aparecía.

La niña se dirigió entonces al dormitorio, de hecho, el único de la casa, y se acercó a su abuela que, en cierto modo, agonizaba en su sencilla cama por tantas noches pasadas durmiendo.

- Abuela, abuela… ¿qué pasa? - Preguntó la nieta angustiada.

La abuela miró a la niña y respirando con dificultad, dijo estas palabras:

- Mi querida nieta, ha llegado el día de la única preocupación por mí…. Sé que ha llegado mi hora… y lo que más me angustiaba era dejarte sola… sin familia… sin nadie. Pero nuestras aflicciones son mayores que los hechos reales - la señora buscó aliento para continuar -. Esa noche me aclararon muchas cosas sobre tu vida y tu camino a seguir… sin mí… o mejor dicho, sin estar contigo físicamente. Todos tenemos el tiempo adecuado para cada experiencia y lecciones que aprender.

La nieta escuchó, entre lágrimas, las palabras de su amada mayor.

- Hija mía, continúa en el camino con mucho amor, protección, paz, salud y busca siempre el conocimiento que ilumine tus pasos. Querida mía, que la fe y la paz sean baluartes en tu corazón.

La señora tomó la pequeña y frágil mano de su nieta; Los ojos de la abuela se cerraron. La nieta abrazó tanto a la mujer que le enseñó todo. Su rostro estaba sereno, había completado todo el recorrido decidido con mucha alegría, optimismo y amor. Y así debería ser. La vida debe ser contemplada en cada amanecer.

Y cada ritual posterior se llevó a cabo de manera sencilla y con las pocas flores en el jardín.

¡Listo! La nieta estaba de nuevo en casa sin su querida abuela, ya que se había convertido en una luz más en el universo. La estrella buscó un lugar hacia la eternidad.

¿Qué hacer ahora? La niña se encontraba sola en aquellas tierras aisladas. Ésta era la mayor preocupación de la señora.

Pasaron dos días después del incidente y la niña mantuvo su rutina habitual y predecible. Quedaban pocos suministros y ¿qué haría?

Por la tarde volvió a llover. Y la joven, sola, estaba en la sencilla casa. Tenía los ojos apagados.

– ¿Qué haré a partir de ahora? ¡Señor, por favor apóyame!

Con las manos juntas en oración, pidió ayuda y discernimiento.

Las gotas de lluvia cesaron y el Sol volvió de lleno. A las tres de la tarde, un coche imponente se detuvo frente a la cabaña en aquel campo olvidado.

El conductor se bajó y abrió la puerta trasera para que saliera un señor muy guapo. Miró, observó el sencillo lugar. Se sintió emocionado de estar allí. Él llamó. Una vez más. Entonces la puerta se abrió con un chirrido. La niña, llorando, acudió con miedo a atenderlo.

El hombre, con los ojos bañados en lágrimas, preguntó:

– Por favor, estoy buscando a Eleonora.

- ¿Quién eres? – Preguntó la niña, temerosa.

– Soy Octavio Augusto Linhares – respondió.

La muchacha se conmovió de alegría, de viva esperanza.

– Soy yo… soy yo… Eleonora soy yo – respondió la niña.

Cuánta felicidad sintió el joven corazón, porque hasta ahora el único contacto con ese nombre completo fue cuando lo leyó en su acta de nacimiento.

– ¿Eres mi padre? – Preguntó la joven sollozando suavemente.

– Sí, cuánto te busqué. Cuánto soñé contigo… hija mía… mi tesoro… mi vida.

Como el tren que regresa a la estación.

Tal vez fue un ritual o una disciplina aprendida. Sin embargo, era cierto que todos los días el hombre llegaba exactamente en el mismo minuto, giraba la llave dos veces y, al sonido del silbido del tren, ponía un pie en la cocina de su casa.

En la primavera de las flores, en el verano abrasador, en el otoño del consuelo o en el invierno del retiro, había sido así desde que empezó a vivir solo en el domicilio. La cadencia metódica fue bastante peculiar.

Ya no escuchó el murmullo de las lindas palabras del menor de los niños; la hija mayor, ah... ésta tampoco entraba, no salía, solamente jugaba en el patio; su esposa ya no lo esperaba para almorzar y menos aun para cenar. La vida carecía de la gracia que la hace grande.

Solo quedaba un punto positivo: el perro callejero que lo acompañó en el viaje ahora tenía un hogar. Eran el hombre y ahora su perro. ¡Y qué leal era!

Cuando nunca has tenido una casa donde vivir y te invitan a tener comida, cobijo y un poco de cariño, la alfombra frente a la puerta se convierte en un palacio. Religiosamente estaban el hombre y su perro; este último, de esta manera, sintió la seguridad que había conocido desde ahora y el primero pudo, superficialmente, revivir otra vez un minuto de cariño y calidez. El perro lo miró a los ojos, a los ojos de su compañero.

Las miradas se entendieron; las palabras sonaban muy poco en el ambiente familiar; de hecho, era solo el hogar de un hombre y un perro.

Aunque los días se multipliquen y los años duren, el sentir de un ser humano no tiene reglas exactas como las matemáticas, ni estructuras coherentes propias de la formación de una lengua. El sentimiento humano muchas veces llega al extremo de la incomprensión ajena y de la pura coherencia hacia el protagonista en cuestión.

Después del último domingo de mayo a las cuatro de la tarde del año pasado, la vida del hombre se había transformado tanto como si hubiera saltado del Hemisferio Norte al Hemisferio Sur, el siguiente domingo en curso completaría el ciclo de un año.

Se sentó en la única silla del tímido porche frente al pequeño edificio donde vivía. El perro siempre lo acompañaba. Y mirando más de cerca, notó una pequeña flor mezclada con blanco y rosa justo al lado de la pared.

No pudo contenerse y tuvo que apreciarlo de cerca. Recordó que no la había visto antes, ahora estaba formada y hermosa, y pensó: "Cuánto se pierde con la falta de interés, de entusiasmo por la vida."

Y tan introspectivo era el hombre. El perro copió el sentimiento humano.

El hombre admiró la belleza de la flor y quedó aun más encantado por la fuerza, la perseverancia y la fe de aquella pequeña. Gran ejemplo.

Se sintió como una flor – solo – y aprendió que necesitaba más determinación y amor por la vida, ya que el logro depende de la actitud.

Él la miró un poco más, se levantó, estiró la columna y regresó a la silla reservada en el balcón. El perro también regresó y se acostó junto a él.

Los dos empezaron a apreciar el movimiento de la calle, a disfrutar analizando el cielo y a seguir el vuelo del pájaro hasta su desaparición.

En esta tarde aburrida, alguien llamó a la puerta. El hombre miró para identificar al llamado. Durante unos segundos no respiró, pero su corazón siguió latiendo; en su mente, una extensa historia se presentó en breves momentos.

– Papá... soy yo... ¡María!

Los ojos del padre se conmovieron.

– Papá... ¡abre la puerta! El hombre no sabía ni levantarse de su silla. La sorpresa fue enorme, pero finalmente lo logró. Se dirigió hacia la puerta; el perro pareció entender la delicada situación y avanzó al mismo ritmo que las piernas humanas.

Su mano derecha alcanzó el pestillo y lo abrió.

Sin palabras, su hija María lo abrazó por la cintura. Ella lo apretó con fuerza con anhelo, con tristeza por estar lejos todo este tiempo; sollozaba de emoción, estaba al lado de su padre.

El hijo menor también se arrojó en brazos de su padre; el niño era pequeño; sin embargo, recordaba los ojos protectores.

Su padre lo levantó y lo abrazó con renovado amor. Los hijos y el padre estaban juntos y unidos por sentimientos profundos.

La madre miraba con la cabeza gacha; no podía decir nada. Su conciencia la castigó, se prescindió de las palabras.

Casi un año de sufrimiento implacable; noches de insomnio, pérdida de peso, ojos apagados, corazón sin sentido. Una familia rota; consternación de cuatro corazones.

El hombre, ahogado en su dolor, respiró hondo, miró al cielo, comprendió que la vida es eterna y el tiempo de cada acción es efímero. No tenía derecho a juzgarla, ella seguía siendo su esposa y, definitivamente, la madre de sus hijos.

En casi un año de reflexión comprendió que no todas las actitudes serán comprendidas; cada corazón tiene sus deseos y sus razones.

Y la esposa se engañó con una nueva vida, un nuevo amor. La ilusión fue tan excesiva que arrastró a otros tres compañeros al mar de la desilusión.

Pero el cielo está siempre atento a los acontecimientos y, en su grandeza, puede ver todos los actos realizados y predecir los que aun son solo pensamientos.

Entonces, el hombre, con su hijo en su regazo y su hija abrazada a su cintura, pudo abrazar también a su esposa con su brazo izquierdo, justo al lado de su corazón, y, como una nueva y completa familia, ellos y el perro buscaron la casa, sencilla y pequeña, acogedora y amorosa, sostenida por el acto del perdón.

Aiko y Gris en la mesa de las existencias

Él no conocía la buena vida ni imaginó una distinta a la que llevaba; sin embargo, tenía un deseo: comer al menos una vez, con la mesa puesta y rodeado de una familia o seres que lo amaban y que, recíprocamente, lo sentían.

Este deseo se despertó cuando Aiko cumplió trece años en las calles de Kanazawa, prefectura de Ishikawa, ubicada en la costa del Mar de Japón. El niño vivía en las calles más sencillas y sin la familia que había soñado. Es el tipo de situación que ocurre de repente, y simplemente es así.

El nombre Aiko trae consigo lo que él era en esencia: un niño amoroso. En cierto modo, podría resultar inmensamente contradictorio, pero sabemos que el amor se puede vivir de múltiples formas y ocasiones. Y Aiko, incluso solo, o mejor dicho, con un gato gris, estaba feliz y hacía feliz a quien estaba con él, por un momento, también.

Su apreciación era sensible a la naturaleza. Y un viernes de primavera, el niño se encontraba en uno de los cuidadosos y maravillosos parques, como es habitual en todo Japón, y su mano todavía pequeña y delicada tocaba con cariño las hojas, con más cuidado aun, las flores que florecían en la planta...

¡Cuánto respeto y amor! Reverenciaba a los "pequeñitas", como él las llamaba. Las admiraba encantadoramente. Su gato Gris, como realmente se llamaba, observaba a su compañero en total silencio; uno aprendió mucho del otro.

Y esa tarde, el Sol brillante irradiaba como oro, con sus rayos amarillo dorado, a través del parque. El niño anotaba información. Desde pequeño había aprendido a leer y escribir, tal vez había traído consigo el equipaje de otra época. Conocía historias importantes; admiraba el movimiento del viento, su variación, dinámica; callaba, respetuosamente, cuando notó que el cielo se armaba para, con la lluvia, regar la tierra.

Aiko no se guardó las notas para sí mismo, sino que se las entregó en forma de pergamino al portero de un renombrado laboratorio de su ciudad.

Todavía el viernes por la tarde, en el parque, el niño anotó innumerables observaciones como si estuviera completando un largo informe. También dibujó algunas flores visualizadas y registró la información necesaria. Cuando se dio cuenta, ya era hora que se cerraran las puertas. Los guardias lo conocían y le tenían mucho cariño.

– ¡Buenas tardes, Aiko!

– ¡Buenas tardes, guardaparque! ¡Que descanses bien y nos vemos mañana! – Entonces el niño se despidió.

Normalmente, la gente regresa a casa al final de la tarde o al anochecer; sin embargo, Aiko no tenía una familia que lo esperara y ni siquiera un hogar común al que regresar. A menudo escuchamos que la experiencia estándar es la más probable de encontrar; sin embargo, eso no significa que sea la única forma adecuada de vivir.

Y Aiko volvió a su gran flor, así llamó a su hogar. Una construcción con todo lo imaginable que pueda ser reciclable. Aiko y Gris ya estaban a unos diez pasos de llegar a casa cuando un fuerte destello iluminó los ojos del gato y del niño. El animal se asustó mucho y huyó al espacio que encontró. El niño se detuvo, extasiado, con la sorpresa de lo que podría pasarle. Ese resplandor duró quizás entre cinco y diez segundos, una cantidad de tiempo significativa para un evento determinado e imprevisto.

Cuando el niño pudo abrir los ojos... no podía creer lo que tenía frente a él.

Dos cuadros se colocaron ante la mirada juvenil: el de la izquierda mostraba la imagen de un anciano occidental, con barba y largo cabello blanco, túnica de color claro, sombrero en forma de cono y muchos vasos de varios tamaños en un mesa, que el hombre realizaba un trabajo de gran necesidad y responsabilidad.

El cuadro de la derecha mostraba la imagen de un hombre oriental frente a una mesa llena de aparatos, microscopios, ordenadores de alta precisión para el trabajo realizado. El hombre vestía una bata de laboratorio, larga y blanca, su cabello era corto y bien afeitado. Demostró habilidad en el manejo de su material.

Aiko les prestó atención a ambos. Empezó a asociar el segundo con el primero. Y en ambos, un gato gris.

"¿Sería la secuencia? - Se preguntó el niño.

Reflexionó asombrado, tratando de comprender en el tiempo el significado de los dos cuadros. Fue fenomenal.

Se olvidó de sí mismo y de su entorno. Quería insaciablemente entenderlo todo. Y tan familiares eran sus ojos.

Una vez más pudo fijarse atentamente en el cuadro de la derecha y luego en el otro.

Tan pronto como se construyó la imagen, también dejó de existir. Y la sencilla escena callejera japonesa estaba de vuelta. Con la calma presente, el gato Gris se acercó, atentamente, al chico de compañía.

Aiko notó al animal, un poco desconcertado, pero retomando su acción normal. El niño, asombrado, seguía en la misma posición en la acera, donde había sucedido todo.

Buscó los cuadros una vez más; sin embargo, ya no eran visibles a simple vista; existieron en el tiempo y en la vida. Dimensiones simultáneas y distintas.

Luego estaba la entrada a la casa.

- Vamos, Gris. ¡Vamos, amigo mío!

El niño miró al cielo y cuantas estrellas había.

Respiró hondo y se fue a casa.

Como conocía la construcción de su casa, abrió la puerta con cuidado, pero antes de abrirla por completo, notó una luz inusual. Y abrió tranquilamente la puerta del hogar. Parados en la entrada, el niño y el gato, con la boca abierta, quedaron deslumbrados por la escena: una mesa puesta con todos los detalles dignos de un sueño ahora cumplido. En cada extremo de la mesa había un hombre. El lado izquierdo lo ocupaba el anciano; a la derecha, por el joven oriental. Aiko se sentó en medio de la mesa: entre uno y otro. Gray se tumbó en el suelo, al lado del chico.

El viernes por la noche, Aiko cumplió su gran deseo. Y los tres tenían la misma visión: de lo que era, de lo que es y de lo que podría llegar a ser.

La responsabilidad por la vida es, sin duda, esencial, ya que hay mucho por hacer para progresar. El futuro siempre aguarda, pero depende del comportamiento del presente. Y el espíritu es eterno con su multiplicidad de existencias.

Juan García y el secreto de una vida

Lo dulce y lo amargo; el frío y el hielo; luz y oscuridad; el fondo y lo poco profundo; si y no; el bien y el mal.

Por la apariencia de los árboles y la gran cantidad de hojas de color marrón a naranja, la estación era otoño. Esta época es entre el verano y el invierno, y en la vida humana su posición se encuentra en la fase previa a la vejez.

En aquella estación de tren se encontraba por primera vez un joven extranjero. Le gustaría haber llegado al país indicado para realizar estudios de idiomas, mejorar el idioma inglés nativo de ese lugar. Hay ciertos casos en los que los hechos son muy diferentes en términos de idealización.

Entonces, no había nadie que lo esperara, ya que no había ningún acuerdo previo a su llegada. Estaba muy interesado en aprender el nuevo idioma; sin embargo, lo cierto es que el joven había venido en busca de una vida con mejores oportunidades financieras. En su bolsillo había poco más que lo suficiente para comer una comida diaria durante cinco días.

Santiago había dejado su vida en el Chile de los viñedos por la esperanza de la ocasión británica, donde el cielo estaba gris la mayor parte del tiempo; sin embargo, la habitual cortesía y aprecio cívico lo inspiraron a una sociedad más ideal que la que había conocido en su tierra natal donde había vivido hasta ahora.

Los ojos del muchacho, aun en la estación, buscaban el lado derecho del camino, no estaba seguro, por lo que quería mirar hacia el otro lado y luego hacia adelante; la dirección sería tomada hacia el horizonte que estuviera más en sintonía con su corazón. Pues bien, el joven había elegido y el primer paso recibió la energía comandada por la programación asumida mucho antes. Pero ¿a dónde ir? No había lugar donde pasar la noche y Santiago caminó por calles anchas y algunas estrechas. Tratando de ahorrar ese mísero dinero, pensó que podría prescindir de comer, sin alimentar su cuerpo físico, pero éste es alimentado con la energía adecuada para su mantenimiento. Los cuerpos deben ser alimentados con alimentos compatibles con su formación: cuerpo somático o físico, periespíritu y espíritu.

Durante el camino elegido, cuántos pensamientos surgieron en la mente del muchacho. Había una voz esclarecedora que sugería aliento y una voz desalentadora que cortaba la luz de la esperanza. Cuando se dio cuenta que la inquietud interna era realmente desordenada, solo tuvo una actitud: la oración.

El joven dejó su maleta a su lado y con fe combinada con las enseñanzas de su familia sobre la importancia de la oración, pues provenía de un núcleo familiar muy religioso, en la vereda oró a Dios por protección, sabiduría y discernimiento para el presente, y un futuro tan cercano.

En ese momento, cuya concentración, fe y energía amorosa se fusionaron, la luz brillante unió a Santiago con las Alturas y un cierto radio a su alrededor también se iluminó con la luz radiante, sanadora, iluminadora y protectora de la oración sincera. Luego de la conexión, el joven se mostró más tranquilo y revitalizado con la capacidad, al menos por ese momento, de poder orientarse, fortalecerse y protegerse de ataques negativos y malévolos.

Superado aquel tumulto, Santiago, caminando con más equilibrio y tranquilidad, se topó con un anuncio clavado en un poste de la acera, que decía estas palabras: "Se contratan jóvenes para trabajar en un taller; hay espacio para dormir. Entrevistas solo los martes por la mañana." El joven había luchado por entender el nuevo idioma, pero lo entendió. Y el martes sería el día siguiente. Se acomodó en la azotea de un comercial y comenzó a comer el snack que había comprado minutos antes de ver el anuncio. Aunque tenía mucha hambre, el niño comió tranquilamente y masticó varias veces antes de tragar. El cuerpo agradecería tener energía para mantenerse fuerte y poder continuar con su objetivo.

Después de comer y saciar su sed con un poco de agua de la botella que había traído del viaje, se instaló en el lugar donde, aunque era público y sin comodidades acogedoras, podía instalarse para, al menos, descansar un poco para que al día siguiente pueda dar comienzo, de hecho, a pasos en los pasos de su propósito.

Los primeros rayos de Sol, increíblemente, comenzaron a aparecer sobre la gris escena londinense. Entonces, cuando Santiago despertó, con un pequeño resplandor iluminando su rostro, sin duda sintió que la nueva etapa sí podía ser muy feliz. Se preparó lo mejor que pudo y pronto, el joven que había venido de Sudamérica, tomó la dirección a donde necesitaba ir.

Santiago caminaba con la confianza de lograr su inminente primera conquista; al ser aun un plano material, la energía del dinero es necesaria, y el trabajo honesto es la forma más segura y confiable de adquirir este recurso.

Y sus pasos lo llevaron hasta la dirección del establecimiento registrado en el anuncio. El chico, con su pequeña maleta, miró, buscó a alguien, caminó unos pasos y, sin demora, un hombre muy bien vestido salió a su encuentro.

- ¿Buenos días cómo puedo ayudarte? – Preguntó el hombre con una mirada muy amigable.

- ¡Buenos días señor! Estoy aquí por la vacante de ayudante de mecánico, o mejor dicho, para trabajar en lo que necesite en el taller – respondió el chico tímidamente y mezclando el poco inglés que sabía con su español nativo.

- ¿Tienes alguna experiencia?

– No señor, pero realmente necesito trabajar y también necesito un lugar para dormir.

– Por el acento veo que no eres inglés.

- Tiene razón. Soy de Chile y mi nombre es Santiago.

– Entonces, ¿eres la capital del país? – Dijo el hombre en un ligero tono de broma.

Santiago sonrió.

- ¿Cuántos años tienes? – Quiso saber el hombre.

- ¡Tengo veinte años, señor! – Respondió el joven.

- Inicialmente no es un salario muy bueno, pero te puedes mantener con él. Y creo que necesitarás aprender mejor el idioma para comunicarte y comprender.

- ¡Sí señor! Tengo muchas ganas de aprender – respondió el chico.

– Bueno, bienvenido al país y a tu nuevo trabajo. Si quieres… ya estás contratado – dijo escuetamente el hombre.

– Quiero, quiero, sí. ¡Muchas, muchas gracias! - Se dieron la mano.

– Disculpe, por favor, ¿cómo se llama, señor?

- Ah sí. Mi nombre es Juan García.

Santiago quedó asombrado:

- Usted es…

– Sí, yo también soy chileno – dijo interrumpiendo.

- ¡Qué casualidad! – El joven estaba muy sorprendido.

– No existen las coincidencias, muchacho. Siempre hay un hilo que conecta los acontecimientos de la vida, con las personas que nos importan y las cuales pasarán junto a nosotros. Ven, te mostraré tu habitación – invitó el hombre.

Santiago siguió a Juan. Durante el trayecto, el dueño del taller le presentó a algunos empleados y mecánicos y también le llevó a ver el lugar donde se guardaban los coches para sus reparaciones. Era un área totalmente grande.

Finalmente, el chico llegó a la habitación donde podía guardar su maleta con tan poca ropa.

– Este será tu dormitorio mientras trabajas en el taller. Es individual.

– Me gustó mucho, señor. Es casi del tamaño de mi casa en Chile, donde vivían cinco personas, ahora cuatro – Santiago estaba feliz –. Señor, con profundo sentimiento, se lo agradezco. Haré todo el trabajo con gran disciplina y cuidado. Muchas gracias señor – el muchacho hizo una reverencia y bajó un poco la cabeza, mostrando su respeto y reconocimiento por la oportunidad.

- ¡Todo bien! ¡Todo bien! Recibiré tu agradecimiento con el buen trabajo realizado. ¡Vamos! ¡Vamos! Date una ducha, cámbiate de ropa y ve a la cafetería a desayunar. Después de la comida pasa por mi oficina para regularizar tus documentos y luego comenzarás a aprender el oficio. Busca al Sr. Dimitrius.

Los ojos jóvenes, atentos, comprendieron la orden. Una vez más le agradeció.

El señor Juan, abrumado por sus emociones, inmediatamente dejó al joven y volvió a trabajar.

Durante el trayecto a la oficina, el hombre estaba molesto; sus pensamientos eran confusos, recibían información incoherente y las imágenes difundidas podían ser reveladoras o, simplemente, algunas situaciones con errores inherentes a la mente.

Cuando Juan llegó a su habitación, agarró un vaso de agua con la fiel promesa de calmarse y volver a la normalidad, o mejor dicho, a la vida cotidiana más estable y serena. Sin embargo, la vida es arte en sí misma y no se puede escapar del espectáculo.

Santiago, a los treinta minutos, se había duchado y estaba en la cafetería desayunando. Un poco tímido, se acercó al mostrador donde le ofrecerían la bandeja con pan, leche, café y fruta. Recibió el desayuno y se sentó a comer.

Llevando la bandeja, no podía creer que ya había encontrado un trabajo y un lugar donde quedarse. Se sentía muy feliz porque pronto podría enviar algo de dinero a su familia.

Se comió todo lo que le sirvieron. Luego, devolvió la bandeja al mostrador y agradeció a la señora que le había atendido. Con pasos más rápidos fue a buscar al señor Dimitrius, quien le enseñaría el trabajo.

Quedó encantado con el lugar. Preguntando por el caballero, pronto lo encontró.

- ¡Buenos días señor! Soy Santiago.

– Buenos días, muchacho. Soy Dimitrius. Bienvenido y empezarás a aprender el oficio.

El caballero, para ayudar, también entendía el español y el inglés básico del niño.

El joven acompañó al caballero.

Desde la primera planta, don Juan García tuvo una visión completa del taller especializado en piezas eléctricas para automóviles. El propietario podía ver, pero no podía ser visto a través del cristal, había un aislamiento de espejo que le impedía ver el interior.

El dueño del taller tenía un hijo, Esteban, que tenía diecinueve años. El joven observó en silencio todo el proceso y la contratación de Santiago. Como conocía a su padre, se dio cuenta que estaba, en cierto modo, inquieto por algo relacionado con el muchacho chileno. Esteban también notó que su padre estaba de pie observando, a través del cristal, algo en el taller.

Sin hacer comentarios, el curioso hijo se levantó y buscó la misma dirección de la mirada de su padre. El único objetivo del ángulo era la figura del joven Santiago que estaba aprendiendo su nuevo oficio.

– ¿Qué te interesa tanto? Nunca te he visto mirar más de diez segundos... y tu observación ha durado casi dos minutos con cierto interés... me parece - cuestionó el hijo, incomodando, a su padre.

– No… solo veo si el chico nuevo está realmente interesado en el trabajo, eso es todo – respondió el padre un poco desconcertado.

– Eso es extraño, porque ni siquiera habías visto a los nuevos empleados... apenas sabía sus nombres – insistió el hijo.

– ¡Por favor, Esteban, basta de hablar! – Pidió el padre bruscamente.

El hijo se fue y cerró de golpe la puerta de la oficina. El padre cerró los ojos con el golpe, pero pronto los abrió y buscó, una vez más, la figura de Santiago que, al mismo tiempo, le molestaba y le daba tanta alegría.

Pasaron los días.

Dimitrius enseñó todos los trabajos al chico chileno quien aprendió con maestría y mucho esmero.

Siempre estaban los ojos de Esteban observando los pasos del nuevo empleado. Y la persecución empezó a convertirse en celos enfermizos, rivalidad exacerbada y falta de control emocional.

Y Santiago no tenía ningún sentimiento negativo y mucho menos hacia el hijo de su jefe; de hecho, casi ni lo vio, casi ni lo conocía. Sin embargo, cada día Esteban sentía que el sentimiento negativo era mayor y comenzó a crear formas de ponerle fin a esta situación.

Algo inusual fue que Juan García quisiera conocer más al muchacho chileno. Entonces, para no acercarse demasiado al chico, empezó a preguntarle a Dimitrius cómo era el chico joven, cómo era su comportamiento. Y el responsable de su trabajo lo elogió con los atributos más significativos. Con cada descubrimiento, a Juan le empezó a gustar más el joven extranjero.

Comenzó a verse en Santiago cuando tenía esa misma edad en su juventud.

Esteban, después de casi un año de sufrimiento, debido a los celos y envidias del joven extranjero, que era pobre y solo, sugirió a su padre que lo despidiera.

– ¿Y cuál sería el motivo? – Preguntó Juan.

– La razón es que no hace un buen trabajo y todavía no sabe comunicarse – respondió el hijo con frases incoherentes a quienes conocían al joven extranjero.

– ¿Qué más? – Preguntó el padre con rudeza.

– ¿Y eso no es suficiente? – Respondió el hijo con otra pregunta –. Padre, dime, ¿por qué lo admiras tanto y le tienes todo este cariño? ¿Y por qué nunca me has admirado ni mostrado cariño? – Preguntó el hijo con sentimientos desequilibrados.

Juan García, en la oficina donde se encontraban, se sintió muy perturbado por las palabras y el estado de su hijo.

– ¡Esteban, hijo mío, no sé a dónde vas! – Dijo simplemente el padre. – ¿Que te falta? Lo tiene todo – respondió el padre, también alterado.

– ¡Yo no tengo! Solo te refieres a cosas materiales... Por Santiago sientes un cariño que nunca tuviste por mí. ¿Por qué para él, siendo yo su hijo? – Gritó el chico y salió de la oficina dando un portazo. Juan García permaneció en su lugar. Su estado emocional también era preocupante.

Ningún empleado se había dado cuenta; los dos tuvieron una pelea a puerta cerrada. Y por orden de Dimitrius, Santiago fue a llevarle una nota de servicio a su jefe. Santiago rara vez subía a la oficina; los tiempos eran raros. Sin embargo, en ese momento había sucedido.

Con vergüenza y miedo, el chico llegó a la oficina. Llamó silenciosamente a la puerta y recibió una voz que le autorizaba a entrar.

Cuando los ojos del hombre notaron al muchacho, fue como bajar una cortina de imagen agradable frente a él. Todo se calmó.

– Señor, Dimitrius pidió traerle esta nota de servicio – dijo el chico, en voz baja.

– Sí, Santiago. ¡Entra, por favor!

El joven se acercó con cuidado a la puerta y se acercó al jefe con el documento, entregándoselo.

Juan García tomó el papel, pero pronto preguntó:

– Siéntate, por favor, me gustaría hablar un poco.

Santiago, muy tímidamente, se sentó ocupando solo una parte del frente del asiento de la silla, mostrando malestar con la situación, pues el muchacho era muy sencillo y humilde.

– ¿Estás feliz aquí, joven? – Preguntó.

– Sí señor. Estoy muy feliz – consideró lo que era necesario.

– No sé mucho sobre ti, sobre tu familia. ¿Cómo fue tu vida en Chile? – Preguntó interesado.

– Señor, viví una vida con muchas carencias... mi familia todavía vive así – respondió el niño.

– Cuéntame un poco sobre ti – preguntó el jefe.

– ¿Realmente quiere saber? – Insistió por la inseguridad de hablar.

– Por favor, sobre tu familia también.

El chico lo miró sin creer que le interesara su historia, pero comenzó:

– Mi familia es muy pobre. Bueno, la historia comienza con mi madre quien fue abandonada hace casi veinte años por un hombre, cuando descubrió que estaba embarazada; por lo tanto, no conozco realmente a mi padre, pero Lorenzo me crio como a su propio hijo, convirtiéndose en mi padre en mi corazón y yo, en su hijo; siempre cuidó muy bien de mi madre. Cuando se casaron, yo tenía dos años, pero mi madre me dijo que en los dos años previos a que lo conociéramos pasábamos mucha hambre. No había nadie que nos ayudara y mis abuelos maternos no aceptaron a mi madre, que estaba embarazada y soltera – dijo tranquilamente el chico –. ¿Quiere que continúe? – Preguntó con miedo.

– ¡Por favor, Santiago! – Tú preguntaste.

– Después de la boda nacieron mis dos hermanos, Azucena y el pequeño Paco; nos sentíamos cada vez más como una familia, pero las dificultades económicas aumentaron, hasta que mi madre recientemente enfermó y por falta de trabajo decidí buscar una nueva oportunidad laboral para ayudar a mi familia.

Con cada palabra, Juan García se sentía más interesado y, al mismo tiempo, tan incómodo con los hechos revelados.

– Y cuando llegué aquí y encontré este trabajo, le di muchas gracias a Dios y también tuve un lugar donde dormir, ya que ahorraría dinero y enviaría más dinero al tratamiento de mi querida madre – agregó Santiago.

Había silencio. Los ojos se miraron el uno al otro.

La cara del chico era tan buena, incluso con tantas situaciones angustiosas que ya había vivido.

– Lo siento, señor Juan – el chico se sintió avergonzado por el silencio del interlocutor.

– Santiago, por favor, ¿cómo se llamaba tu mamá? Si quieres responder – preguntó el hombre.

– Sí, puedo, señor. El nombre de mi madre es María Dolores. Cuando Juan escuchó ese nombre, sus ojos se dispersaron hacia el horizonte en busca de sus recuerdos. Estático, completamente estático, permaneció de pie.

– ¿Está bien? – Preguntó Santiago, asustado, por el rostro pálido de Juan.

Tardó un poco en responder y al regresar a ese momento, hizo otra pregunta:

– Por favor… ¿y cuál es tu apellido?

- ¿De mi madre?

- Sí...

– Sosa. María Dolores Sosa – pronunció su nombre completo.

Juan dejó caer su cuerpo sobre el respaldo de la silla para no perderse en el suelo.

- ¿Está bien, señor? – Santiago se acercó rápidamente –. Voy a buscar un vaso de agua.

En ese momento el joven sirvió al jefe.

Como un rompecabezas, el hombre reunió cierta información y simpatizó intensamente con el chico. El rostro de una mujer joven seguía rondando la mente de Juan con exagerada insistencia. Los actos del pasado incidieron en el momento presente.

Cuando un poco de equilibrio estaba a punto de aparecer, la puerta se abrió de repente y Esteban presenció la peor escena para sus exagerados celos: Santiago, con una mano en el hombro de Juan y con la otra ofreciéndole un vaso de agua, con cariño tan cerca.

En ese momento, todos los sentimientos densos y negativos del hijo se volcaron hacia su padre y el joven chileno. Se lanzaron y dirigieron con tanta fiereza palabras despectivas, enojadas e infelices.

Los minutos duraron horas angustiosas. Finalmente, tres almas heridas compartieron el mismo ambiente.

Esteban entonces, desconcertado, salió de la oficina; sin entender nada, Santiago pidió salir; Juan García, con innumerables pensamientos confusos, buscó el expediente del joven para comprobar su nombre completo y, sobre todo, asegurarse del nombre de su padre.

Con manos temblorosas buscó sin encontrar el archivo deseado; el nerviosismo siempre ciega los ojos de la razón, que es tan clara y cercana.

Desorganizó todos los documentos organizados y, finalmente, sus ojos llorosos identificaron el nombre del chico y comprobaron: Santiago Sosa Hernández.

Como si el hombre cayera en un abismo en su conciencia y liberara al monstruo inquieto que tanto lo había amenazado y lastimado durante dos décadas y poco más.

También llegó como espada ardiente el recuerdo de su apellido que hacía tiempo que no usaba: Juan García Hernández. Su pecho sentía como si se encogiera, queriendo dejar de existir, escapar a un lugar donde, en ese momento, no habría ninguno, porque tanto los momentos favorables como los desesperados pertenecen a su conciencia.

Revivió con fuerte emoción el acontecimiento del pasado que no lo había abandonado hasta ese día. Luchó cada amanecer contra su conciencia implacable que lo acusaba sin cesar, llevaba consigo su propio juez.

Recordó la primera sonrisa de María Dolores en su compañía y, al mismo tiempo, escuchó llorar una vez más a la mujer cuando le dijo que estaba esperando su hijo. Juan no quiso tal compromiso y abandonó a su mujer embarazada al borde del desamor y la infelicidad. Desde aquel acto, ya no había encontrado el brillo del sol, ni el color de las flores, ni mucho menos segundos de paz, ni otra noche de verdadero descanso y renovación. Su vida estuvo compuesta por el antes y el después de la decisión arbitraria tomada.

Entonces, el hombre buscó aires nuevos en tierras ajenas, imaginó que lejos de la situación, del lugar y de la persona, podía empezar de nuevo como si nada existiera... pero de lo que te pertenece no se huye; Donde quiera que vayas, también van los dolores y los amores que has conquistado.

Conoció a una nueva mujer y pronto formó una familia, intentando encontrar la paz, pero solo garantizando una gran decepción permitida por la ilusión que creó.

Cuántas noches, con la nueva etapa en otro país, te quedaste despierto sin poder dormir, sin la tranquilidad que devuelve el cuerpo y el alma, el espíritu eterno.

Y el otro hijo nació en el núcleo actual, pero Juan no pudo alegrarse con la nueva criatura sabiendo que había otra quizás pasando por tanto sufrimiento, necesidad primaria y hasta todo tipo de suerte.

Con el paso de las estaciones, Juan fue incapaz de cultivar el amor por su hijo, pues siempre sufría la comparación de uno que podía tener todo lo que necesitaba y otro que ni siquiera sabía si era capaz de tener lo mínimo para sobrevivir y, de ser así, cuántas necesidades y angustias podría haber atravesado.

El hombre empezó a repeler a su hijo; no había cariño, no había amor. El trato fue únicamente de un padre que le brindó cuestiones materiales.

Y así, Juan incumplió su obligación ante los compromisos pactados en el plano inmaterial, tanto con un hijo como con otro; espíritus comprometidos con la rectificación y el progreso posterior. Sin embargo, incluso debido a la imperfección de los espíritus perfectibles, el sufrimiento ocupaba la mayoría de las emociones.

Esteban creció con su padre ausente; Santiago, con un padre que lo había rechazado por un impulso irreflexivo, pero con la bondad de lo Alto, había recibido un padre que lo había amado tanto y le había enseñado sobre la moral y los buenos sentimientos.

Un padre y dos hijos. Cada uno con su secreto, con sus ganas de vivir juntos. El padre que se culpaba por su irresponsabilidad; el hijo mayor deseoso de conocer y comprender el motivo del abandono; el hijo menor insistente en el amor paternal bajo el mismo techo, pero no en un hogar.

Con la emoción empezando a equilibrarse, Juan García estaba de regreso con su cuerpo, había regresado del inmenso viaje en su memoria, recuerdos tan presentes y atormentadores a través de sus acciones, a través del tiempo.

Levantó la vista como un alma que rogaba a Dios pidiendo fuerza, discernimiento y apoyo. Ese día, su corazón no pudo soportar más emociones.

Llegó la noche y muchos asuntos difíciles se resolvieron durante el sueño de los afligidos, con el apoyo de buenos amigos.

Por la mañana, el hombre pidió la presencia de su hijo Esteban y del joven Santiago en la oficina.

Los dos jóvenes respondieron al pedido y estuvieron presentes.

Al comienzo de la conversación, sus miradas se sentían incómodas el uno con el otro y rápidamente se alejaron de sus preguntas. Sin embargo, las resoluciones también son esenciales y siempre ocurren.

Y este fue uno de los momentos en los que se acaba el tiempo para un nuevo camino.

– Los llamé para aclarar un hecho, debido a una acción inadecuada, irracional, al profundo error y desacuerdo.

Durante el esclarecimiento, las lágrimas despechadas y celosas de Esteban comenzaron a transformarse en lágrimas compasivas y amorosamente fraternas, porque incluso aquí, en grados de parentesco, eran, eso sí, hermanos en busca de un horizonte de paz.

Las lágrimas más dulces y solidarias de Santiago abrazaron a su tan deseado padre y acunaron con amor los llantos necesitados de su hermano. Palabras adecuadas se intuyeron ante el apoyo solicitado con tanto cariño y piedad. Mientras Juan García explicaba todo lo sucedido, le llegaban energías tranquilizadoras y reparadoras desde lo Alto, de manos amigas y bondadosas; dos amigos espirituales que rodeaban a los tres también apoyaron y protegieron la ocasión.

Los jóvenes ya no escuchan dolor, sino un mayor sentimiento de amor y de perdón fortalecido por la comprensión.

Y en ese momento, el padre y los dos hijos de hoy se escucharon y comenzaron, por primera vez en tantas oportunidades fallidas, a comprender que solo con el amor sostenido por el perdón podrían encontrar la paz tan necesaria para el camino de la salvación. vida, el camino de la liberación.

Esteban miró a su padre con ojos de niño puro, sencillo, necesitado del cariño paternal que, ahora, empezaba a recibir y de cómo se redescubría a sí mismo como hermano.

Santiago, con la plenitud de su alma, admiraba estar al lado de su padre y se alegraba aun más al ver en los ojos de su nuevo hermano la fuerza extra para el gran viaje que los tres tendrían por delante.

Ese jueves recibió el Sol. El padre, con sus dos hijos, los abrazó, los besó; Después de aproximadamente veinte años, su corazón empezó a medir la armonía que solo la bondad, la paz y el amor promovidos por el perdón son capaces de sintonizar con el ritmo perfecto del soplo de vida.

De repente llega la lluvia y alegra la vida.

Algo comenzó a descender desde la alta colina abierta... y muy rápidamente. Eran el niño y su perro.

Ese mes, Josué cumpliría nueve años y su perrito, su fiel compañero, dos; fue un regalo de cumpleaños. En esa fecha, hace dos años, el niño lloró de inmensa alegría y el animalito... "qué sería de mí."

De hecho, se creó un vínculo maravilloso de amor y complicidad. El cachorro solo se separó del niño cuando este estaba en la escuela. Y en el momento en que Josué entró a la escuela rural, cerca de donde vivía, el animalito, se llamaba Sol, con un abrigo corto, se tumbó en la alfombra del porche frente a la casa, desde donde tenía una vista completa del camino y no soltaba sus patas hasta que llegaba Josué.

Y en cuestión de segundos los dos bajaron la colina y estuvieron cerca del terreno más plano que los llevaría al patio trasero de la casa. Los dos todavía disfrutaron de sus vacaciones. Jugaron una variedad de juegos y parecían dos niños.

Con toda su ternura, girándose con los brazos abiertos y Sol detrás, se alejaron del patio trasero de la casa y rápidamente se acercaron a una pequeña cueva con un manantial de agua en la que la madre de Josué, todas las mañanas, dedicaba unos minutos de oración, era un lugar pequeño y acogedor. Cuando los abuelos del niño compraron la finca, esta cueva ya existía.

Y los dos, un poco mareados de tanto correr, cayeron a descansar muy cerca de aquel lugar. Sol parecía reír igual que Josué; había mucho amor y compañerismo.

Cuando se calmaron y el silencio comenzó a caer entre los dos, pudieron escuchar un leve grito. El niño se levantó y trató de prestar atención al sonido.

– Quédate quieto, Sol.

El perro inmediatamente se tragó su euforia y aguzó las oídos mientras él también escuchaba. Miraron en una dirección y luego en otra, sin ver nada por el momento. El llanto cesó. Empezó de nuevo.

Josué estaba de pie; Sol también. Con gran atención siguieron el sonido.

– Viene de la cueva – le dijo el niño al perrito que entendió perfectamente.

Siguieron el llanto y pronto llegaron a la entrada de la cueva.

Debido a que era un lugar más oscuro, no fue posible de inmediato ver dónde estaba el pequeño llorón y mucho menos identificar qué era; podría ser un gatito, un cachorro... incluso un bebé.

Sol, con las oídos muy alertas y muy atento, pues lo desconocido le genera cierta aprensión... un poco de miedo, olisqueaba sin cesar para descubrir qué podía ser.

Josué, ansioso, inmediatamente quiso saber qué era. Justo en ese momento comenzó una fuerte lluvia, lo que contribuyó al suspenso y se volvió más oscuro.

Un poco a tientas y guiado por el sonido del llanto, Josué finalmente tocó algo que se movía. Asustado, retiró la mano.

– Sol, toqué algo.

El perro, como comprendiendo, ladró.

– Dios mío, ¿qué puede ser? – Preguntó el niño un poco nervioso –. Necesito tener valor. ¡Señor Dios, ayúdame!

Tan pronto como el niño pidió ayuda, apareció una luz que iluminó el lugar. Vio al perrito a su lado, vio una imagen tallada del rostro de Jesús que siempre había estado en la cueva y vislumbró una caja con algo envuelto que ahora estaba un poco más tranquilo; el llanto fue menos nervioso y estridente.

– Mira, Sol. Aquí hay una cajita... hay algo llorando y moviéndose.

El perro parecía querer saber qué era y por qué estaba allí.

Josué se acercó y temiendo lo que pudiera ser, con mucho cuidado tomó la punta del paño que lo había envuelto para quitarlo y ver. Lentamente, tiró y logró quitar la tela y...

– ¡Ay Dios mío! ¿Qué es esto?

Tanto el niño como su perrito se alejaron repentinamente. Y la lluvia siguió siendo un poco más suave, casi parando.

Ambos respiraron profundamente y el chico necesitaba saber qué era. Se acercó, pero con mucho miedo, pues el momento y el lugar propiciaban la emoción de sorpresa. Se acercó un poco más hasta estar muy cerca de la caja y pudo estar seguro de qué era. La lluvia había cesado y un rayo de luz iluminaba el interior de la cueva.

Sí. Los ojos de Josué se iluminaron cuando se encontraron con los dos ojitos. Sol también vino a ver.

– Es un bebé... – dijo el niño, encantado.

Sol meneaba la cola, estaba feliz, quería oler al pequeño bebé que sonreía y se movía más aliviado, "qué bueno que me encontraron."

Un poco torpemente, Josué levantó al pequeño, lo envolvió en la tela que había en la caja y junto a su amigo Sol, se dirigieron a su casa.

– Te llevaré con mamá... ella te cuidará – dijo Josué y el pequeño lo escuchó.

Los tres se dirigieron a casa. En la cueva aun se encontraban dos protectores y otros dos acompañaban a los dos niños y al animalito.

Por razones mayores y desconocidas, el bebé fue al hogar donde se suponía crecería, viviría con otros espíritus encarnados que le permitirían formarse en uno de los mejores educadores del siglo XXI; ería conocido como el amoroso restaurador de las almas jóvenes.

Todo tiene su tiempo, su lugar, los espíritus involucrados, sus propósitos, los acontecimientos y su duración, en otras palabras, siempre habrá una razón para que algo suceda. Lo más importante en la vida es poder llevar a cabo tus proyectos de viaje de la mejor manera posible. Es difícil saberlo de antemano; sin embargo, con amor, todos los objetivos avanzarán hacia su propósito, desarrollo y cumplimiento.

Las historias tienen un comienzo y se perpetúan a través del tiempo.

Normalmente los días eran húmedos y fríos, y la noche era aun menos acogedora.

Si podía salir, correr por el campo, realizar alguna actividad fuera del castillo… pero su encierro, según su padre, era necesario y sería para adquirir buenas maneras, conocimientos incomparables y una imagen social alardeada.

Sin embargo, Yeva era una joven de apenas trece años, que pronto cumpliría un año más de vida… que no podía vivir, que ni siquiera podía sentir el viento en su rostro, porque el paisaje de tan maravillosa naturaleza solo se le permitía una fría observación a través del cristal inmóvil de la ventana de su dormitorio. Y cuánto se quedó admirada, soñando con una realidad más feliz y teniendo lo que el alma anhela: libertad.

Al castillo acudieron diferentes profesores para impartirle clases de idioma, música, canto operístico, ciencias e historia. Número exagerado de actividades sin un brillo de alegría en los ojos, un regalo que no se puede comprar con dinero ni con posición social.

Su ropa, impecable; su comida servida en los minutos exactos; tus pertenencias equipadas con las marcas europeas más famosas y caras, y su corazón tan infeliz en ese escenario. Yeva simplemente quería la luminosidad del día, el ir y venir armonioso entre el jardín y el campo.

La niña, como balsamizante, tenía la compañía, aunque no siempre, de la hija de la cocinera de la familia. La joven era dos años mayor que Yeva. Ah, pero esa joven poseía la luz de la vida… la energía de la felicidad que respiraba libremente en sus días. Kyria era el nombre de la hija de la cocinera.

Siempre hay personas que alivian el viaje más doloroso y te hacen vislumbrar las coloridas flores a lo largo del camino. Y Kyria fue la caricia para el alma de Yeva. Pasarían semanas enteras sin que su padre le dirigiera una palabra, un pensamiento o un cariño. La madre, sumisa a su marido y demasiado interesada en los bienes económicos, no tenía ojos para percibir a su hija tan sola y triste. Tener tantas posesiones y no tener suerte, porque el alma necesita el tesoro adecuado para sonreír y hacerse más fuerte.

El horizonte le presentaba cada vez más el sueño de ser libre. Incluso sin felicidad, Yeva hablaba palabras dulces como jazmín, sus gestos eran tiernos y amables.

Y Yeva amaneció otro día, posiblemente cálido por la emoción y todavía frío por el duro y permanente invierno.

La joven recibió al profesor de francés y fue la excelente alumna de siempre. Hubo tiempo para almorzar y descansar unos minutos. Regresó a sus actividades de la tarde del día en cuestión.

La manecilla del reloj de pared marcaba las cinco de la tarde de un viernes. No habría más docentes para ese día, pues este compromiso era hasta la hora prevista. Luego regresó a su habitación y, antes de ir a la ducha, sacó una pequeña silla de lectura y la colocó frente a la ventana. En ese momento era casi de noche y buscó el horizonte más lejano que sus ojos, privados de la alegría de su juventud, podían alcanzar.

Sin medida del tiempo, los minutos pasaron porque el avance es ininterrumpido; sin embargo, para la niña Yeva, era exactamente el sentimiento interior elevado que solo se sentía vivo.

Incluso suspiró, buscando el aire que la tristeza le había quitado.

Miró las sábanas y comprobó el largo, analizó la altura del balcón de su habitación. En su mente, creó todos los pasos con sofisticación para resolver el ataque en sí. Y cuando imaginó la escena final... de una joven colgando sin vida e incapaz de siquiera ver el paisaje a través de la ventana, sus ojos se llenaron de las lágrimas más sentidas que la niña jamás podría experimentar; en ese momento ella entendió.

Su corazón latía salvajemente; su cuerpo sufrió el temblor más real que sus órganos pudieran imaginar.

La niña despertó del sueño que había sufrido hasta el día de hoy. Tomó conciencia, en el instante en que la luz se enciende, del significado del bien preciado: la vida. Su corazón se llenó del anhelo y la alegría de todo lo que había podido vivir; el pasado ya es un tiempo inaccesible, pero el presente es un regalo para el alma y el futuro... oh, qué maravilloso puede ser.

El despertar trajo a su alma verdadera ligereza, también verdadera ternura para amar, sobre todo, para comprender. Y en el mismo momento en que la niña elevó su pensamiento en oración, a pesar de todos los inconvenientes, la energía del amor estaba operativa y Yeva quedó envuelta en una luz tan tranquila, tan viva... especie... de renovación.

De sus ojos aun brotaban lágrimas excesivas, generadas ahora por el acto de agradecimiento por tener todavía la oportunidad de recorrer, con amor, su camino.

Se dejó caer en su silla y con tanta humildad se secó el rostro bañado por las lágrimas más felices de su juventud. Reconoció lo mucho que puede hacer por sí mismo y por los demás, porque un día crecería y emprendería su vuelo hacia la libertad.

Asimiló que todo aprendizaje es una oportunidad sembrada para su propio apoyo y también para el de sus compañeros.

Mientras la niña se recuperaba de la confusión que había vivido, había dos amigas de mucho tiempo a su lado, apoyándola con oraciones y vibraciones tan beneficiosas. Se sabe que la oración de la verdad trasciende y se vuelve indulgente con quien la da y quien la recibe.

Pero la niña no podía sentirlos mucho, ya que su desequilibrio aun la dejaba en una vibración más baja que aquella en la que se encontraban ellos. Sin embargo, poco a poco, su cuerpo se recuperó y su alma estaba feliz con el surgimiento de la comprensión lograda en el momento que había pasado. Yeva ahora miraba el paisaje y sus ojos sonreían con plenitud de comprensión; A partir de entonces, los rayos del Sol serían dorados y la inmensidad del cielo sería una protección constante.

Kyria llamó a la puerta y anunció que servirían la cena.

- Gracias, sí. Enseguida estaré allí – respondió la niña.

Se apresuró a darse un baño, pero sus pensamientos se regocijaron. Finalmente estaba lista para la comida, para la nueva vida.

Se sentó sola a la mesa, mientras sus padres realizaban actividades supuestamente más importantes. Y con el agradecimiento encontrado participó del banquete servido: alimento y comprensión.

Estaba sola para tanta abundancia.

– Kyria, siéntate y come conmigo, amiga mía.

– preguntó la niña.

– No puedo, señorita Yeva – respondió la joven, un poco desconcertada.

- ¡Por favor, mi amiga! ¡Comparte conmigo!

Kyria miró a la chica a los ojos y le tomó unos segundos decidirse.

– Sí, entonces me siento y comparto.

Y las jóvenes comieron en paz y con la alegría de encontrar de nuevo la verdadera vida.

Y Kyria, sentada con la niña Yeva, una vez más sintió palpitante alegría, sin la noción de la última existencia, en la que tanto cuidó a esta pequeña hermana suya, favoreciendo el impedimento de realizar también lo que hoy, por sí sola, ella supo resistir.

Yeva entendió que un acto inadecuado no sería la solución a su experiencia actual, o mejor dicho, implicaría situaciones mucho peores y dolorosas.

Las experiencias adquiridas generan conocimientos protectores. Todo el mundo es un viajero por el camino de la evolución. Si hoy el paso aun no es recto hacia la felicidad, ciertamente en el futuro se caminará sostenido por buenos sentimientos, pensamientos, palabras edificantes y buena conducta. Y Kyria y Yeva terminaron de cenar, comieron postre con jarabe de chocolate y estuvieron largos minutos contemplándose con el brillo fraternal que habían alcanzado tiempo atrás.

Una tarde más

Ese jueves, los dos jóvenes amigos habían quedado en verse a las cuatro de la tarde. Era solo uno de los muchos que ya habían sucedido.

No tenían más de doce años y, por tanto, casi la misma edad; les gustaban muchas cosas en común. Eran chicos sencillos, conocían las ramificaciones más simples de la vida; es decir, las mejores.

Estaban en la pequeña plaza del pueblo; siempre hablaban mucho, reían y jugaban, sobre todo al fútbol. Y el tiempo transcurría lentamente en aquel pueblo, pero no para las festividades.

Como el invierno casi comenzaba, el viento de esa tarde se hizo más frío y más fuerte.

Seis horas. El timbre sonó. Acordaron que era hora de regresar. Uno de ellos llegó más rápido, ya que la casa era más céntrica; el otro debe vivir más lejos, pues se despidió de su amigo y siguió sus pasos. Entonces, continuó.

Una vez en casa – el de la región central – su padre le preguntó:

– ¿Todo bien, hijo?

– Sí, papá – respondió con naturalidad.

Cuando el niño se disponía a ducharse, su padre preguntó:

– ¿Y los amigos? ¿Por qué no juegas con tus amigos?

- ¿Mis amigos? Siempre tengo uno de ellos, que me gusta mucho – explicó.

- Hoy, al regresar a casa, te vi jugando, solo, con una pelota en la plaza – dijo el padre.

- No, estaba con mi amigo – respondió el niño.

- Hijo, estuve un rato mirándote. Estabas solo... siempre juegas solo. ¿Por qué? ¿Cuál es tu problema, muchacho? – Preguntó el padre.

- Papá, él estaba allí conmigo. Pasamos muchas tardes juntos divirtiéndonos y buscando respuestas a tantos porqués, con honestidad, dijo.

- No estabas. No había nadie... siempre estás solo y la gente se ríe de ti – el padre, impaciente, alzó la voz.

El hijo, incomprendido, se disculpó y fue a darse una ducha.

Sentado, el padre permaneció nervioso y alejado de su hijo.

Mundos que se encuentran. Frecuencias existentes en cada rincón.

Es simplemente vida.

Ni siquiera el Sol
podría vivir para la Luna

"Siempre debe ser nuestro paso el que nos guíe hacia el camino elegido. A veces podemos tardar más o menos tiempo; sin embargo, lo importante es tener libertad y decisión. Y que cada elección puede ser hecha por nuestra voluntad, con la certeza que siempre seremos apoyados en el camino del bien, para lograr progreso y luz en nuestras vidas."

Cínthia Cortegoso

Un muchacho bastante joven estaba sentado en una vieja banca en una de las plazas de Lyon, Francia. Una escena así ya no era común en la actualidad, debido al dinamismo de las acciones; Está bien, pero lo era.

Su rostro no invitaba ni siquiera a saludarlo, aunque solo fuera por unas palabras para iniciar una conversación, como pretendía el señor jubilado que observaba al chico en el banco de enfrente. Los gestos con la cabeza demostraban el inconformismo y el fastidio del joven hacia algún suceso en cuestión. Y las diminutas flores amarillas junto al banco se mecían con el viento tranquilo que soplaba por la tarde.

Se sabe que la experiencia en la vida hace realidad muchas posibilidades existentes. Cuando eres más joven, ciertas cosas parecen complicadas, más embarazosas de lograr o cambiar de rumbo. Lo que antes traería vergüenza o inmovilidad de acción, con la madurez, en general, casi todo se vuelve realizable.

Y fue así, con la creencia que era posible, que el hombre de la banca contraria se dirigió hacia donde estaba el joven.

Cuando un extraño se acercó a él, el muchacho retrocedió un poco, alejándose al menos veinte centímetros del hombre. Sin duda, estaba más molesto que el hombre experimentado.

Miró al hombre como preguntándole qué estaba haciendo; sin embargo, prefirió saludarlo:

- ¡Buenas tardes!

- ¡Buenas tardes, jovencito!

- ¿Necesita algo? - Preguntó el muchacho.

- No, simplemente estoy disfrutando del aire libre como lo hago todas las tardes de este fresco otoño. Y tú ¿estás bien? - Parecía receptivo a escucharlo.

Entonces, el joven giró la cabeza y miró profundamente a los ojos del hombre:

- No te conozco... sin embargo, te agradezco tu preocupación, si así puedo llamarla - respondió el joven.

- A mi edad, las preocupaciones de la juventud se convirtieron en el comienzo del crecimiento - hizo una pausa -. Sabes, joven, cuando tenía poco más de veinte años, como la mayoría de esa generación, también pasé por grandes desafíos. El mundo desea acoger a la nueva criatura; sin embargo, con grandes expectativas en sus logros.

Y el joven, extasiado e interesado, escuchó sabiamente las palabras.

- Aumenta el número activo de nuestros roles en la vida, ya que del rol restringido de hijo... hermano... nieto... pasamos a ser responsables del desempeño de estudiante, futuro profesional; ejecutante competente de la actividad elegida; del cónyuge; de madre y padre; como miembro de una sociedad que muchas veces exige mucho más de lo que apoya o reconoce nuestros atributos. Pero... lo preponderante es ser feliz con lo que tienes y lo que logras profesional y humanamente - esas fueron sus palabras.

El joven estaba tratando de asimilar tanta información. ¡Y cómo lo tocaba! Miró al cielo, respiró hondo, vio la inmensidad ante sus ojos, lo pequeño que se sentía y, al mismo tiempo, atrapado en el sufrimiento impuesto por una fuerza que de alguna manera era poderosa en ese momento.

– ¿Puedes escucharme un poco? – Preguntó con los ojos llenos de esperanza.

– ¡Como si fueras mi hijo! – Respondió con el cariño que siempre debe tener un padre.

– ¡Gracias!

El silencio fue más fuerte en este momento. De hecho, una preparación para el desencadenamiento.

– Quiero ser médico... – una pausa –. Quiero ser médico, pero mi padre exige que estudie Derecho, para continuar con la tradición familiar – comenzó a decir el niño.

El hombre, muy atento, miró al joven, dando a entender que si quería podía continuar.

– Y... sabe cómo presionarme hasta el punto que incluso pienso en renunciar a mi objetivo... mi sueño – el chico bajó la cabeza, sintiéndose un poco fracasado incluso antes que se hiciera realidad.

Entonces, el hombre más experimentado suspiró y preguntó:

– ¿El sueño es tuyo o de tu padre?

Los ojos jóvenes quedaron sorprendidos por la pregunta.

– Es... mi sueño – respondió tartamudeando un poco.

– ¡Perfecto! Así que ya no hay más dilemas, eso es muy fácil, concluyó el caballero.

Extremadamente sin entender, el chico miró al hombre esperando una respuesta.

- Eso mismo. No hay más problema que resolver– insististe en la respuesta.

– Pero, mi señor, ¿cómo es que no hay problema? – cuestionó el muchacho, indignado por su sufrimiento.

– Hijo mío, la mayor dificultad en la vida es encontrar el camino. Cuando lo descubres, solo necesitas energía pionera para conquistarlo – respondió el caballero con calma.

– ¿Y mi papá? ¿Y la tradición? ¿Y qué pensará la gente? ¡Quizás sea un gran desprecio! – En tono de incomprensión, cuestionó el joven.

– ¡Así que, respóndeme! ¿Te quedarás, todos los días, solo por tu padre? ¡Respóndeme! – Preguntó el caballero en voz baja.

– No... – el joven comenzó a responder un poco avergonzado.

– ¿Tienes una vida que vivir o es solo tu padre quien la tiene?

– No... yo... también la tengo.

– ¿Te casarás con la tradición y los dos serán felices para siempre? – Continuó.

– No...

– ¿La gente te brindará la satisfacción que deseas?

– No...

– Bueno, muchacho, disfruta la vida y sé feliz siendo lo mejor que puedas. La vida es un regalo divino. No permitas que otras personas apaguen tus sueños. Que cada paso "tuyo" busca el bien, el progreso, el amor. Todos tenemos una vida que se extiende hasta la eternidad, pero el camino es individual, tus méritos serán conquistados por ti y tus deudas también esperarán su alta. Continúa, muchacho. Escribe tu historia con pasajes felices y edificantes. ¡Adelante! – concluyó.

El joven miró respetuosamente al señor. ¡Cuánta admiración!

– Hijo mío, tengo que irme. La noche quiere presentarse y yo... no soy tan joven como tú para recibir el viento más fresco que gotea el sereno. Un gran placer conocerte. Conquista tu horizonte y te hará feliz. ¡Hasta la vista! – Y así el señor se levantó y continuó con sus pasos tranquilos y experimentados.

- ¡Gracias! ¡Hasta la vista! – Respondió el niño, un poco tarde.

Algunas estrellas comenzaron a aparecer y el joven al notarlas miró al cielo en agradecimiento. Cuando lo buscó ya no estaba presente, así sin más.

La hierba verde pasa a través del tiempo.

Los pies subieron la empinada montaña cubierta de escasa vegetación, por el duro clima, y todavía verde, por la insistencia, de ramas largas y delgadas. Su mano, de aproximadamente poco más de medio siglo de antigüedad, descansaba sobre un bastón hecho con la rama de un fuerte árbol centenario. Su cuerpo estaba cubierto por ropas que lo protegían del frío y el viento constante, propios de la región.

Sin embargo, en ese momento, una tormenta casi había arrasado con el lugar, excepto el de raíces más profundas. El hombre tenía la cabeza protegida con un gorro hecho con la piel de un animal sacrificado para alimentarse y vestirse.

En ocasiones se detenía para ahorrar energías; sin embargo, no pasó mucho tiempo y luego, con calma y perseverancia, continuó su ascenso. El pie derecho siempre descansaba al frente.

Faltaban unas dos horas para las seis de la tarde. Debido al mal tiempo, propio de la época, la noche estuvo más presente que el día. En esa fecha, uno o dos transeúntes se atrevieron a salir de su casa, apropiada para el clima.

Exactamente cincuenta minutos duró el recorrido desde su último descanso hasta la casa en lo alto del cerro donde debía llegar. En tal ambiente, el cuerpo humano gasta un alto nivel de energía; sin embargo, una dieta más rica en calorías reemplaza esta pérdida.

En ese momento el cielo ya estaba completamente oscuro, por el frío, el viento, la falta de luces de las casas que no existían cerca. Pero una tan simple y pequeña esperaba al hombre que llegó decidido a la puerta de su casa.

Por si todas las dificultades que había superado no fueran suficientes, todavía llevaba en la otra mano, sin su bastón, una bolsa de arpillera con algunos suministros, un tipo especial de medicina y una botella de leche. Con calma, como en todo el desarrollo del camino, abrió la puerta. Levantó la pierna derecha para superar un tablero entre el interior y el exterior; quizás era una forma de evitar que la nieve, en días aun peores, invadiera el interior de la casa.

Apoyó el bastón contra la pared y el saco de arpillera lo colocó encima de la pequeña mesa cuadrada que ocupaba el espacio en la casa de una sola habitación.

El hombre suspiró más profundamente de lo habitual, miró el lugar, observó la cama con otro cuerpo más debilitado que el suyo. Estuvo unos segundos mirando al ser recostado sobre un colchón hecho de una especie de pasto con cierta preparación para no perderse en el moho.

Y siguió sacando los pocos suministros que traía con la botella de leche. Los otros ojos apenas se abrieron, pero siguieron los movimientos realizados por la persona del señor. Este puso todo en el lugar que le corresponde. Se lavó las manos, vertiendo agua tibia de una botella que mantenía esa temperatura con su taza.

Luego esperó a que las últimas gotas más pesadas escurrieran de su mano, mirando fijamente el plano de agua que terminaba en la palangana esmaltada del que se habían extraído varios pequeños fragmentos. Se secó las manos con la toalla que colgaba cerca.

Tomó la botella de leche. Fue necesario calentarla un poco y se hizo mientras se servía café recién hecho. Después de verter la mezcla de café y leche en dos tazas de aluminio, tomó pan casero y cortó dos rebanadas de al menos tres centímetros de ancho cada una.

Miró por la ventana y estuvo seguro que la nieve y el frío se harían presentes en los días venideros. El hombre dejó escapar una sonrisa por la comisura de sus labios, tal vez porque ya conocía la rutina del lugar.

Preparó la rebanada de pan con miel pura y espesa extraída de las abejas del parque en primavera. Tomó la taza con leche caliente y café y se dirigió hacia la cama con la persona casi inmóvil.

Reservó la comida en un taburete de madera junto a la cama. Acomodó mejor el otro cuerpo, apoyó su espalda y, pacientemente, le entregó la taza que tenía en la mano. Eso es lo que podría hacer. Los otros ojos ahora sonrieron.

Los dos hombres compartieron el momento y la comida. Ya estaban alimentados.

Una vez más se miraron. Quizás en este corto período de tiempo podrían experimentar el mismo recuerdo; sin embargo, ninguno de los dos mencionó ninguna idea renovada.

Luego, el hombre recogió las dos tazas. Algunas migas de pan permanecían dormidas en la cama junto con otras de los días anteriores. Sin mucho control, el debilitado hombre se inclinó hacia su lado derecho. Permaneció así unos minutos hasta que el otro hombre se dio cuenta y lo enderezó. Los ojos del hombre postrado en cama le agradecieron y sintió el más puro pesar.

Era una tarde todavía fría, hacía exactamente un año. El hombre que vivía en la casa en lo alto del cerro llegó después de un duro día de trabajo; salió temprano en la mañana y regresó al final del día. No tenía hijos y su esposa, hacía dos años, también en una tarde fría, había sido enterrada. Con algunas dificultades por el clima y el cansancio solitario, tardó unos segundos más en abrir la puerta de su cabaña. Ese fue el tiempo que tardó un hombre, nunca visto por los alrededores, en atacar al hombre e intentar robarle, llevándose lo poco que había conseguido con el trabajo de los días anteriores.

Cuando hay escasez, lo poco se convierte en mucho y hay que protegerlo para su permanencia y uso para seguir vivo.

Y de repente el extraño hombre atacó furtivamente al hombre por detrás.

El objetivo era el magro paquete de comida y, si las encontraban, algunas monedas. Dos hombres revolcándose como niños en un momento pueril, con la diferencia que los niños, aun así, tienen una pureza más fiable. Los golpes duraron eternizándose minutos hasta que la experiencia fue más sabia que la fuerza y la juventud. El dueño de la cabaña hizo tropezar al extraño que había perdido el equilibrio y cayó de espaldas sobre una roca más afilada que las demás de ese terreno. De la misma forma que había caído, por tanto, permaneció.

Son segundos en la vida en los que se comprende muy poco sobre el avance de los acontecimientos, pero que son capaces de alterar todo el rumbo predeterminado de una existencia.

El hombre, jadeando por el esfuerzo, miró al más joven, inmóvil, gimiendo de dolor y temblando por la desesperación de la inmovilidad que había visitado su cuerpo. El hombre respiró profundamente el aire necesario hasta calmarse y recuperar una respiración más armoniosa y un latido cardíaco menos acelerado.

Ya más tranquilo, se acercó al hombre de la piedra y le preguntó:

– Hombre, ¿qué hiciste?

El joven no le respondió; sin embargo, lo miró con ojos tristes y desesperanzados.

El hombre, inquieto, entró en la cabaña y tomó un sorbo de agua fresca guardada en una gran jarra. Salió de nuevo. No sabía qué hacer.

El residente más cercano vivía a unos dos kilómetros de distancia. Tendría que encontrar alguna solución. La noche ya era dominante.

Dejó encendida la débil luz y su sentimiento solo le indicó que recogiera al hombre desconocido y ahora inmóvil.

Con gran dificultad y tremendo gasto de energía, el hombre finalmente logró recogerlo y colocarlo en una cama que hacía mucho tiempo que no se usaba, desde la muerte de su esposa. Quizás el hombre, al llevar al joven al interior, hizo el mayor esfuerzo físico hasta la fecha; el chico pesaba mucho y su cuerpo estaba relajado, además no había coordinación, debido a la lesión que le provocó la caída.

Exactamente esta situación actual había cumplido un año; el joven, delincuente en ese momento y, de hecho, con razones sustentadas en un sentimiento entonces desconocido, estaba ahora bajo el cuidado del hombre que había sufrido el susto y el malestar de haber sido acorralado por un robo.

Incluso si las palabras no se pronuncian ni se escriben, los ojos pueden leer el diálogo y la conversación del espíritu… del alma. El corazón siempre alertará a su dueño de los pros y contras realizados.

De esta manera, los ojos del joven siempre pidieron perdón por su comportamiento irreflexivo, desesperado por el hambre, aterrado quizás por tantas desavenencias que había vivido.

Sin embargo, la sabiduría de la vida ya le ha enseñado al viajero que en todo momento solo el camino del bien lo conducirá a la luz. Cada corazón reconoce el sentimiento gentil, la paz benévola o el letargo inquieto de la mala acción.

El hombre lavó las dos tazas, guardó el resto del pan y dejó organizada la parte donde se reconoció como la cocina. Después supo que debía preparar un caldo caliente para que comieran ambos; en condiciones de frío intenso, el cuerpo necesita más energía para mantenerse caliente.

Todavía tenía algo de tiempo para descansar antes de ir a preparar la cena.

Los ojos del más joven, en cambio, postrado en cama, seguían al dueño de la cabaña. Admiración, arrepentimiento, fortaleza, amor, fe; esa mirada era capaz de sentirlo todo. Y todo lo que podía hacer era vivir con el sentimiento de arrepentimiento.

Con el paso de los días, el joven comenzó con una palabra, luego una frase, el ejercicio diario de la oración. El arrepentimiento empezó a transformarse en respeto, cariño… amor. Sí, era el sentimiento más noble que sentía ahora por el hombre que casi había sido la víctima fatal de su desequilibrio.

Y una vez más el Señor miró al cielo y luego cerró la puerta; el frío era gélido. La pequeña y esencial chimenea; sin embargo, estaba encendida y crepitaba con la energía del fuego ardiente. Como de costumbre, el señor, todas las noches cogía uno de los pocos libros presentes y miraba en voz alta la crónica o historia del momento.

Era la gran espera diaria, la lectura de un escrito. Y el muchacho no fue capaz de decírselo al señor, ni siquiera, el sueño que tuvo, debido a la situación física que alcanzó la tarde de su locura. Por lo tanto, el joven no pudo decirle que la noche anterior había soñado que aun era un niño y que él era su padre. Los dos caminaban por un campo de hierba verde y baja; La época estaba muy cerca de la Primera Guerra Mundial. Y en ese paseo, uno de los repartidores de correo del Gobierno fue al encuentro de su padre y le entregó, el papel que cambió toda una historia.

En dos días el hombre había dejado a su esposa y a su hijo para servir al país. El niño quedó grabado con la infinita tristeza de no poder seguir conviviendo con su héroe. ¡Qué vacía había estado el alma del hijo!

Posiblemente el sueño era una forma de rescatar la memoria eterna, que regresaba al espíritu y ahora el alma volvía a vivir lo que supuestamente le había sido robado: vivir con su padre.

El tiempo y la experiencia le demostrarían al joven que su padre no tuvo la culpa por seguir, y el abrazo sería entonces cara a cara como almas que se aman. Y también comprendería que la

Tierra es una escuela de vida donde los estudiantes matriculados necesitan aprender a amar antes que nada.

Y el joven prestó atención a cada palabra que leía el señor. Esos ojos quedaron encantados con esta voz. Y el hombre cuidó al chico como si fuera su propio hijo, o mejor dicho, el hijo que aun no le había sido dado en esta vida.

Hay cebollas para cortar

Era un día normal y el cielo estaba cubierto de nubes que se desatarían en cualquier momento.

Cecília regresaba del colegio en compañía de su hermano pequeño, Gael, de ocho años; estaban separados por casi cuatro años.

En segundos cruzaron el portón, pues la lluvia prometía mucho. Desde el balcón, a través de una ventana, la niña observaba a su madre preparando con cariño el almuerzo y la hija se tomó un rato para observarla y notó que su madre lloraba suavemente; Gael fue directo a la cocina y pronto saludó a su madre, Luísa.

– Ya llegamos mamá – dijo y la abrazó.

– Hola, hijo – respondió subrepticiamente la madre, secándose los ojos y abrazándolo también.

La hija la observó unos segundos más y, un poco triste, también se dirigió a la cocina. El cachorro hizo una gran celebración cuando llegaron los niños.

– Hola mamá – la saludó Cecília con un beso en la mejilla y un fuerte abrazo.

– Hola, hija mía. ¿Todo bien? – Quiso saber la madre, todavía abrazándola.

– Está bien, mamá. ¿Y tú? – Preguntó la hija, soltándose lentamente.

– Todo bien… siempre es mucho trabajo, pero está bien hija – respondió la madre sin mirar mucho a la niña y luego se volvió hacia la estufa.

Cecília observó un poco más a su madre y ella, incómoda, pronto le pidió a su hija que se cambiara de ropa, se lavara las manos y viniera a almorzar ya que la comida estaba lista; también debía traer a su hermano.

Durante la ausencia de la niña, Luísa se secó mejor los ojos y respiró hondo. Unos minutos más y los dos hermanos estaban cambiados, con las manos limpias y sentados a la mesa para almorzar.

– Mamá, ¿no volverá papá a almorzar? – Preguntó la hija.

Luísa se llevó otra cucharada de sopa a la boca y, al hacerlo, ganó tiempo para generar una buena respuesta.

– Tu padre está trabajando en una ciudad cercana y volverá por la tarde – respondió ella.

Un silencio se instaló en el ambiente. Cecília, mirando el plato sopero, seguía comiendo; la madre rápidamente miró a la niña.

Después del almuerzo, su madre les sirvió una sencilla macedonia de frutas recogidas del jardín; su madre se ocupaba de un huerto y de algunos árboles frutales que ella misma había plantado. Entonces el hijo se disculpó y salió a jugar. Solo quedaron madre e hija, criaturas que se amaban y se entendían mucho.

Un poco más de silencio entre los dos hasta que Cecília habló:

– Mamá, cuando llegamos... vi, por la ventana, que estabas llorando.

La madre se sorprendió y tardó un poco en responder.

– También entiendo que tú y papá no se hablan... – rápidamente lanzó otra observación.

– Bueno, hija. Estaba cortando la cebolla... por eso me ardían los ojos – la mujer respondió de inmediato.

La hija miró la apariencia de su madre y se convenció más que había un problema.

Entonces, Luísa también guardó silencio y las lágrimas comenzaron a correr por su rostro.

– Mamá, ahora ya no cortas cebollas.

– Sí, hija. Ahora ya no – dijo la mujer secándose la cara –. Querida, hay momentos en los que nos volvemos más sensibles ante algunas cosas, algunos pensamientos... eso es todo – la madre intentó aliviar la preocupación de su hija.

– Pero ¿qué pasa con papá... que casi nunca está en casa y ni siquiera tiene trabajo todos los días? – Cuestionó la niña.

– Cariño, sé que tu padre no es lo que querías, pero es lo que tienes... y es tu padre – dijo la madre con cariño –. Recuerdo que mi abuelo decía que nunca podremos cambiar a los demás; sin embargo, podemos cambiarnos a nosotros mismos todo el tiempo.

– No entiendo, mamá.

– Podemos hacer cosas mejores, hija, como mejorar nuestros sentimientos y actitud. Y así, lo que tanto nos molesta se va suavizando y empezamos a darle más importancia a lo que realmente nos hace bien... y sin embargo nuestro ejemplo también puede ser el gran cambio para la otra persona – dijo la madre.

Ese día, el padre vino a almorzar. Los dos, todavía sentados a la mesa, quedaron muy sorprendidos.

– Siéntate, Jorge. Yo les serviré comida – dijo la esposa levantándose.

– Hola papá. ¿Todo bien? – Preguntó la hija.

– Sí, lo soy... pero ¿no te vas a levantar? – Preguntó el padre.

– No, papá. Te haré compañía – respondió la hija con una discreta sonrisa.

La madre miraba muy asustada, pues conocía la aversión de Cecília hacia su padre. Su hija nunca se le acercó, no jugó ni habló con él. Sin embargo, a partir de ese momento, al conocer las palabras de su madre, la niña comenzó a mejorar mucho, especialmente en relación con su padre quien sintió mucho el cambio y también se esforzó por ser un mejor padre y esposo.

A partir de ese día nació una nueva familia. Jorge encontró un trabajo regular y Cecília, con amor, empezó a ver a su padre.

Se sabe que un gran cambio siempre es individual y este también es un gran ejemplo para los compañeros.

Cuando las lágrimas, a partir de ese día, corrieron por el rostro de Luísa, fueron solo de la alegría de ver a su familia más unida por el respeto y el nacimiento del amor, especialmente entre padre e hija.

De hecho, cada núcleo familiar está organizado como debe ser, ya sea por amor o por dolor; ambos solo traerán progreso. Sin embargo, la sabiduría consiste en la mejora individual que conducirá inevitablemente a la mejora colectiva.

Se hace evidente que el ajuste se puede lograr por medios opuestos: ya sea por un camino llano o por uno completamente tortuoso.

En medio de la aridez, Bahareh y la señora Margot encontraron la paz

En una de las ciudades áridas y calurosas del verano, todavía bajo fuego - sin permiso para olvidar una guerra incomprendida por el corazón, que en realidad solo anhela la paz - donde la niña Bahareh vivía con sus padres y su hermano menor Ahmad.

La casa era pequeña, o mejor dicho, era una puerta más en el conventillo lleno de escaleras, con telas extendidas que hacían de cortinas delimitando los límites entre las numerosas familias. Sin embargo, el ambiente de pobreza e innumerables dificultades apestaban en el escenario común de todos los habitantes de aquel lugar.

En esa parte de Oriente, ni siquiera la participación y asistencia a la escuela eran casos sencillos debido a los numerosos obstáculos causados desde la antigüedad que aun persisten. De hecho, la vida era bastante difícil en muchos sentidos; predominaba la miseria.

Bahareh ya había cumplido doce años y su sueño era convertirse en maestra para dar conocimiento, liberar al ser humano de la jaula de la ignorancia, pero con amor y no mediante un gesto mecánico e indiferente de aprendizaje. Era una estudiante muy diligente, aunque las condiciones desfavorables dieron como resultado un número mucho mayor.

No faltaba a clases, incluso a veces sin traer ni una sola comida o siquiera un refrigerio. En el lugar había escasez de alimentos. Sin embargo, siempre hay alguien mirando y todos acaban siendo observados.

Eso es realmente lo que le pasó a Bahareh. En la escuela donde estudiaba había una señora canadiense que investigaba sobre la calidad de los estudios en esa parte del Este. La señora, llamada Margot, trabajaba para una institución de renombre, preocupada principalmente por la educación y, en consecuencia, por la mejora de los países pobres que todavía están en guerra. Margot observó el comportamiento de muchos estudiantes y, un día, comenzó a prestar más atención a la niña Bahareh y se interesó por su disciplina y amabilidad hacia sus compañeros y profesores. Cada nuevo día, a la señora Margot le gustaba más la menuda muchacha. El hermano Ahmad también asistió al grado inferior de la escuela; sin embargo, los ojos del investigador quedaron encantados con Bahareh.

La señora Margot buscó más información sobre la niña entre los profesores y, con nuevos descubrimientos diarios, la apreciaba más. Hasta que surgió una oportunidad y los dos pudieron hablar un poco. La muchacha, en su total sencillez, no entendió muy bien el propósito de aquellas palabras, pero simpatizó con la dama canadiense. Entonces escribió una nota pidiéndoles a sus padres que fueran a la escuela y les explicaran sobre la inminente oportunidad, si la entendieran.

Bahareh regresó a casa con su hermano. Al poco tiempo de llegar le entregó la nota a su madre, ya que su padre se encontraba realizando algún trabajito, recientemente lo habían despedido de un trabajo formal. La madre lo había leído sin entenderlo realmente, e incluso se enfadó con su hija por imaginarse algún mal comportamiento en el colegio.

– Mamá, no hice nada malo. La señora Margot, una investigadora canadiense, tiene muchas ganas de hablar contigo… con papá también… si puede – la niña, asustada, intentó explicarle a su madre.

Al día siguiente, la familia fue a la escuela. Los niños fueron directos al salón de clases y los padres, sintiéndose muy avergonzados y asustados por algún problema, acudieron a la coordinación, tal como así se lo pedía la nota.

Se acercaron a la puerta y a los pocos segundos la señora vino a darles la bienvenida.

– Buenos días, ustedes son los padres de Bahareh, ¿no? – Preguntó afirmando.

– Sí… ¿hizo algo malo? – Preguntó el padre.

– ¡No por favor! Bahareh es un gran estudiante... muy diligente, amable e inteligente.

Los padres respiraron más aliviados. La madre apenas miró a la señora.

– Por favor, entra y siéntate.

La pareja entró y se sentó frente a la dama canadiense.

– ¿Aceptas café o agua?

– No, gracias – respondió también el hombre por su esposa –. Lo siento señora, pero nos preocupa lo que usted quiere de nosotros – dijo el hombre, aprensivo.

– Sí, señor Mohamed, se lo explicaré.

Luego, la señora aclaró sobre el trabajo que hacía, de dónde era y por qué estaba interesada en Bahareh.

– Señor Mohamed, es una gran oportunidad para una mejor educación para su hija. Tienes todas las garantías y vigilarás tu desarrollo. La institución donde trabajo ofrece posibilidades para que niños trabajadores e inteligentes, como Bahareh, reciban formación, algo que aquí, en la realidad actual, difícilmente sucedería, de hecho, es casi imposible – confirmó.

Los padres miraban desconfiados, pero al mismo tiempo, por primera vez, imaginaban un posible futuro más feliz para su hija.

- Tendrá casa, estudio y todo lo necesario para su buen desarrollo - observó la señora a la pareja -. No se preocupen, la cuidarán como a una hija - dijo sinceramente la señora Margot.

Esa mañana, el cielo estaba muy azul; hacía mucho tiempo que no se veía un hermoso color en medio del humo de la guerra rutinaria.

Los padres, revestidos de pura sencillez, se miraron buscando la respuesta que, en cierto modo, era única, por amor a su hija.

- Mi esposa y yo coincidimos con plena confianza en sus palabras, señora. La actitud más noble es poder confiar en alguien que es verdaderamente digno de confianza, ya que es un logro que se asume a través de buenas acciones - el Sr. Mohamed guardó silencio, miró a los ojos de la Sra. Margot y continuó -. Somos una familia muy pobre, pero no falta el amor entre nosotros. Te pido que mires a nuestra hija como si fuera tuya. Por amor liberamos a nuestra niña, si ella quiere, para una mejor oportunidad con total confianza en sus palabras, señora - habló con una voz ahogada por un amor inconmensurable.

Los ojos de los padres eran superficiales y las lágrimas se sentían; sin embargo, esperanzados.

- Sí, señor Mohamed y señora Naheed. Llamaré a Bahareh para que podamos escuchar su opinión y respuesta. Esperen por favor. Volveré pronto.

La señora fue a buscar a la diligente y cariñosa estudiante.

- Por favor, necesito un momento con Bahareh, profesora Dara - preguntó la señora Margot con toda delicadeza y amabilidad; estos ya eran sus atributos conocidos.

Bahareh recibió permiso y, un poco preocupada por el asunto, caminó al lado de la señora canadiense, quien no dijo nada, hasta llegar a la oficina donde estaban sus padres.

- Querido Bahareh, siéntate en esta silla0

[67]

La señora acercó el asiento a su lado y miró a sus padres.

La niña, muda y más aprensiva por las miradas de sus padres, sintió que su corazón latía fuerte y acelerado. Respiró hondo, instintivamente, queriendo calmarse.

Cuatro seres en busca de algo mejor; sin embargo, los grandes cambios siempre van acompañados de miedo, quizás porque se desconocen sus resultados, pero es a través de los cambios como se logra el progreso y el crecimiento.

Y durante la conversación explicativa, la señora Margot le explicó todos los pasos a la pequeña Bahareh, explicaciones que fueron utilizadas, una vez más, por sus padres. Los ojos de la niña brillaron con sorpresa, alegría y el dolor de, por ahora, estar separada de su familia... de su pequeño y amado hermanito.

Luego de la explicación, la señora se dio cuenta que los cuatro participantes en ese momento estaban emocionados, felices, muy esperanzados y los tres sintieron el pesar de la breve separación. Comenzaron a sentir el dolor de la ausencia de sus seres queridos. Pero el amor es el excelente maestro de la libertad, de las características iluminadoras para el alma del ahora, espíritu eterno.

La niña se acogió al consuelo de los brazos de su padre y ellos la abrazaron. Y cuántos besos recibió la hija de sus padres. Estos gestos sellaron el consentimiento y la decisión por un nuevo camino en la vida de la pequeña y querida Bahareh.

Con la decisión tomada, los papeles firmados y pocos documentos aun por presentar, la señora Margot abrazó a su madre y también le dio a su padre un abrazo un tanto distante, aun así el señor Mohamed, aunque sea formalmente, se dejó abrazar – Costumbres del Medio Oriente. Con tanta sencillez y gratitud, Bahareh abrazó a la señora; Ojos castaños, con profunda ternura, miraron los dulces ojos azules de la canadiense de ascendencia francesa, y cómo reconocieron, de alguna manera, el cariño, tal vez, de otra época... con el más profundo sentimiento.

Los tres salieron del salón y no hubo manera, es decir condiciones, para que Bahareh regresara a clases; fue un gran evento. Entonces, los padres pidieron permiso para llevarse también al pequeño Ahmad, para no tener que regresar solo a recogerlo.

La familia, con pasos dispersos para la ocasión, regresó, en sorprendido silencio, al rústico hogar, privado, casi por completo, de las pequeñas cosas más necesarias; pero el amor... qué importante era, incluso con la más discreta demostración.

Este silencio fue interrumpido cuando el niño Ahmad cuestionó el motivo de regresar temprano a casa.

– Nadie responde – se quejó el pequeño –. ¡Pero tener menos clases es genial! – él comentó un poco en voz baja por miedo a la censura de los padres.

El niño siempre tiene el mismo encanto en todas partes.

La familia llegó al inmueble y pronto se encontraba frente a la puerta de su casa. Los padres y Bahareh aparentemente estaban felices; sin embargo, la preocupación por los inminentes acontecimientos y más aun la separación fueron factores inquietantes para la familia que se amaba.

Los ojos de la madre se llenaron de lágrimas de dolor. Y Bahareh, al darse cuenta, le dijo:

– Mamá, si no quieres no voy – siempre de manera dulce, se expresó la niña.

– Mi hija no. Es una mejor oportunidad de vida para ti. Aquí, amor mío, con el paso de los años será así o peor – la madre se sentó y acercó a su hija –. Mamá está muy feliz por esto... – lloró la madre con profundo sentimiento –. Pero sufro la separación... si serás atendida... por tanto amor, mi querida hija Bahareh.

El padre escuchó sin interferir, hizo como si arreglara algo cercano.

– Yo también tuve inconvenientes, si puedes, digamos, en el corazón, un sentimiento que algo podría cambiar mucho el curso de sus vidas. Sin embargo, era una oportunidad muy favorable y no podían negarse a su hija. ¡Cuántos besos en las mejillas, cuántos abrazos prolongados se compartieron madre e hija!

El pequeño Ahmad, sin entender, pero curioso, preguntó, jugando con un camioncito sin ruedas:

– Mamá, ¿qué está pasando?

La señora miró a su hijo y buscó la forma más adecuada de explicarle la situación. Tras la aclaración, más lágrimas también bañaron el rostro del chico.

– Bahareh, ¿nos vas a dejar?

Con lágrimas en el rostro y en el alma, el hermanito no pudo contenerse y lloró como el verdadero niño que era, de tanto sentimiento, de tanto amor.

La hermana no había encontrado las palabras adecuadas e inmediatas, por lo que lo abrazó con la fraternal dulzura que la caracterizaba.

– ¡Ah… Ahmad! No te pongas así, querido. Yo te amo tanto. ¡Mírame! – La niña levantó la cara del pequeño por la barbilla –. Es un gran regalo recibido del cielo. Presta atención, hermano. Me quedaré fuera por un tiempo para estudiar, aprender cosas nuevas y cuando esté lista regresaré para ayudarte a vivir una vida más productiva y feliz. No estés triste, hermoso mío. Yo te amo tanto – Bahareh abrazó al pequeño y se quedó así hasta que se calmó y dejó de sollozar. No hubo mucho tiempo para organizar lo necesario, ya que Bahareh abandonaría su país en unos días rumbo a Canadá, en compañía de la señora Margot.

Los días siguientes llegaron y terminaron rápidamente y cuando se cumplió el día de partida, ya amanecía. El mes era julio.

La familia se dirigió al colegio, ya que de allí partirían hacia el aeropuerto. La maleta, que contenía las cosas de la niña, era pequeña y sencilla, podía ser transportada por su dueño sin ningún esfuerzo.

Luego se dirigieron al aeropuerto.

La señora Margot, de hecho, estaba muy feliz. Su rostro, cuando miró a la niña, era de puro amor maternal.

Los tres se quedaron con la añoranza, con la ausencia, pero con la esperanza de recibir, en el futuro, un Bahareh preparado para ser feliz y también promover la felicidad a tantos desafortunados del momento, en un país donde lo más común era el color y el ruido de la guerra.

El avión desapareció en el cielo. La familia, acompañada del chófer que habían traído, regresó a casa... a casa, de ahora en adelante, por ahora, sin Bahareh. Los tres, de hecho, comprendieron la gran oportunidad y, por eso, se calmaron y comenzaron la nueva etapa.

La niña, durante el viaje, fue muy bien atendida por la señora Margot y olvidó, un poco, el doloroso momento de la separación. La señora contó tantas cosas, se las explicó a la niña que sonrió, brillando a través de sus ojos amables y esperanzados.

Cuando llegaron al país de destino, ya era tarde y la institución donde se alojaría la niña seguramente no estaría abierta. Bahareh estaba muy cansada. La señora Margot, al observar a la pequeña y toda la situación, no tuvo dudas y se dirigió a su departamento con su equipaje y la joven.

Una vez en casa, la señora llevó a Bahareh al baño mientras les preparaba algo de comer. El apartamento estaba a cargo de una empleada de la institución, por lo que siempre se encontraba limpio y con provisiones, ya que la señora Margot no tenía un día establecido para regresar, podía ser en cualquier momento.

Después de la ducha, Bahareh, en pijama y con el pelo peinado, apareció en la cocina, llegando muy silenciosa, lenta y muy tímidamente.

– ¡Hola, Bahareh! ¿Ya estás limpia? – Comentó la señora.

– ¡Sí, señora Margot! – Respondió la niña con tanta timidez.

– Estoy preparando una sopa de verduras para tomar antes de descansar. Está casi lista. ¡Siéntate a la mesa! – Dijo la señora con cariño. La niña se sentó delicadamente. Era muy nuevo. No lo podía creer, pero también era todo extraño… desconocido.

Muchos pensamientos pasaron por Bahareh hasta que fue llevada a su realidad con las palabras de la señora:

– Ahí tienes, Bahareh. La sopa está lista y podemos comer. Déjame servirte y dejar que se enfríe un poco primero, está bien caliente.

Señora y niña compartieron una ocasión tan sencilla y eterna; este momento permanecería en sus recuerdos.

Comieron en silencio.

Doña Margot, discretamente, observó a la niña y sintió en su pecho cada vez más cariño y ternura por esa criatura tan dependiente… tan dulce… tan llena de luz.

Después de la comida estuvieron unos minutos más hablando del viaje, nada importante. Sin embargo, los ojitos de Bahareh quisieron cerrarse debido al agotamiento de todos los acontecimientos.

Luego, la señora ayudó a la pequeña a ir al baño y luego a la cama limpia y ordenada. Bahareh se acostó y, en cuanto apoyó la cabeza en la almohada con su funda blanca bordada, ya estaba dormida.

La señora la cubrió y sintió una emoción profunda, como si algo la visitara nuevamente.

Miró a la chica una vez más y salió de la habitación, muy pensativa. Sintió una emoción amorosa.

A la mañana siguiente, la señora Margot fue a llamar a Bahareh. Cuando entró a la habitación, encontró a la niña cambiándose de ropa y sentada en la cama, impecablemente ordenada.

– ¡Buenos días, Bahareh! ¿Estás lista, querida?

– Sí, señora Margot – respondió la niña.

– Entiendo que estés un poco avergonzada, constreñida. Querida, viniste aquí por tus méritos, por tus cualidades. No te avergüences, en ningún momento. Eres muy especial y capaz. ¡Mírame! – la señora, con ternura, levantó el rostro tan sencillo de la pequeña.

Bahareh, con los ojos más felices, le dedicó una sonrisa discreta, pero ya era señal de la tranquilidad y seguridad que necesitaba sentir. Después del desayuno, se dirigieron al colegio donde estudiaría la niña. Todo era muy diferente, empezando por los autobuses, las calles, las casas, los autos, los jardines, todo era tan hermoso, limpio, nuevo; lo contrario de donde vivía la niña en su tierra natal.

Cuando llegó a la escuela, quedó encantada. Los pasos de la niña se hicieron más lentos cuando entraron al patio de la escuela.

– Señora Margot, ¡es tan bonito! – Tenía puro encanto en sus ojos.

– Estudiarás aquí, Bahareh. Podrás compartir una institución reconocida y todos sus beneficios.

– ¡Bienvenido querido! – La señora estaba realmente muy feliz.

Ese día fue el primero de muchos que tuvieron lugar en los años previos a su graduación.

Después de todo este tiempo, Bahareh se había graduado y era profesora de inglés y francés y sus respectivas literaturas. Su formación era apta para la educación superior, pero su deseo era poder ayudar a los niños de su ciudad, de su país. Durante todo este período, solo hubo un objetivo y parte de su sueño fue logrado, ahora conquistaría el otro.

La disciplina de Bahareh, combinada con calificaciones en su mayoría excelentes, le valió el título de honor como la mejor estudiante que había pasado por la Universidad de Toronto hasta la fecha. Y el día de su graduación, la niña, ahora, con las más afectuosas palabras, reconoció, con total gratitud, todo el apoyo, amor, confianza y amistad donados por el corazón generoso de la señora Margot que vio en Bahareh a la hija que nunca había tenido en su cadena de vida.

El sentimiento y la actitud comprometida por la dama canadiense fueron verdaderamente valiosos y dignos de un noble ejemplo para cualquiera que quisiera apoyar y encaminar a alguien hacia un camino iluminado, productivo y feliz para ambas partes. Respeto, amor, cuidado, dirección, confianza... temas esenciales para el progreso y todos ellos existían entre Bahareh y la señora Margot.

Ahora solo quedaba la partida.

La joven pasaría a la segunda etapa, tan valiosa para su corazón, que era la de apoyar a quienes tanto lo necesitaban y que eran el futuro de una familia y de una nación: los frágiles niños de su ciudad.

Luego, el día de su regreso, Bahareh pudo decirle todo lo que sentía a la estimada señora canadiense; sentada en el sofá, la joven tomó su mano con las huellas de su experiencia de vida y comenzó:

– Señora Margot, realmente quiero agradecerle por el bendito regalo que me dio – los ojos de ambas comenzaron a brillar con lágrimas de emoción –. Con tanto amor me cuidó, hizo lo que muchas madres no harían por sus propios hijos. Me enseñó, con tanta ternura, las palabras para mi superación y crecimiento; se convirtió en un momento eterno. Cada gesto, acción, mirada, cariño, que me dieron, se convirtieron en flores y fueron tantas en las que ahora consiste mi vida antes y después de conocerte.

- ¡Oh cariño! Trajiste luz y felicidad a mi día... tanto amor y cariño para ti. Mi corazón la reconoce como hija amada y eterna. Cada amanecer cuando te veía preparándote para ir a la escuela... mi alma palpitaba de alegría vivificante; cuando te vi regresar, después de un día completo de actividad, estaba en paz y completa - la señora Margot se pasó la mano por la cara, tratando de secar sus lágrimas de incontrolable emoción –. Estaré aquí... siempre amándote maternalmente. Siempre estarás conmigo, querida.

En momentos tan grandiosos como éste, la energía amorosa y beneficiosa se irradia por todos lados con un rayo de gran ayuda; los actos amables son ligeros para muchos.

El abrazo tardó un poco, porque la separación, aunque sea momentánea o tardía, infeliz un poco al corazón amante y, naturalmente, se vive una reconstrucción de los acontecimientos.

Y Bahareh, muy conmovida, le habló a la señora mirándola a los ojos:

– Señora Margot, mi corazón también la siente como una madre amada y eterna.

Ojos que se miraban y dejaban correr por el rostro las lágrimas más sentidas y sentimentales, contagiando el alma.

El intercomunicador anunció que el taxi estaba esperando a Bahareh; el vuelo saldría en unas horas.

Normalmente, hasta que el espíritu se completa a través del progreso, puede sentirse incompleto por la ausencia de seres queridos, pero hay aquellos que el corazón nunca olvida y sufre, más bien, la impermanencia y la distancia. Sin embargo, la bondad suprema reconcilia la felicidad en el corazón, brindando oportunidades de reencuentro y acercamiento, aunque sean todavía breves.

De camino al aeropuerto, Bahareh había sentido el dolor más profundo de su existencia, no podía olvidar la imagen de la señora Margot saludando por la ventana. ¿Cómo podría ser feliz dejando a quienes tanto la aman y la ayudaron, especialmente en el momento delicado de su vejez, el momento en el que te encontrabas?

Entonces, la joven le pidió al conductor que regresara al origen. Y al llegar frente al edificio, la señora Margot seguía detrás del cristal, mirando, tal vez, el horizonte incierto con alegría, pero aun con hermosos logros y recuerdos.

Bahareh salió rápidamente del auto, subió las escaleras hasta el primer piso y abrió la puerta, inclinándose como la había dejado.

– Además, mi querida madre, no puedo dejarte… es parte de mí… mi vida. Me quedaré contigo mientras que estés en este plano.

Bahareh abrazó muchísimo a la señora Margot, con puro amor fortalecido por el tiempo. En este momento, mientras se experimenta el sentimiento y el abrazo más eterno, en la dimensión paralela se pudieron ver algunas escenas marcadas por otras existencias. En el primero, que desencadenó todo el proceso, la señora Margot abandonó a su pequeña hija; En otro momento, la hija adulta dejó a un lado a su madre enferma y anciana e irresponsablemente siguió su camino. En sucesivas ocasiones se produjo el proceso de abandono y no realización de la tarea que ya era programación sabia. Cuando en la actualidad provenían de diferentes grupos familiares y ya con una extensa carga de sufrimiento por la recurrencia de los mismos actos inapropiados, y con el deseo de superarse inconscientemente – esencia del alma, hogar del espíritu –, superado el obstáculo y el estancamiento de la actitud la energía desfavorable se desvaneció, dando paso al amor magnánimo, energía edificante y noble que sana a los débiles, trae luz a los ojos espirituales que solo veían oscuridad.

Y la plenitud entre madre e hija se produjo en la tarde del primer mes del año, cuando la nieve fresca completó el paisaje blanco… del mismo color de paz.

Gente de aquí y gente de allá

En aquel pueblo chileno los niños tenían más libertad que los de la ciudad. Menos preocupación por el tráfico, ya que solo circulaban unos pocos coches. No había contaminación, la vida era mucho más natural. La delincuencia era inexistente y si un forastero quería aprovechar una ocasión determinada, los vecinos se unían y el pobre, a la fuerza, aprendía una lección. La comunicación moderna aun no había dominado el lugar y había más tiempo para conversaciones, juegos infantiles e interacción humana.

La vida en el pueblo era sencilla y rica al mismo tiempo, ya que se aprovechaban los valores reales. Todo lo bueno que se perdió en las ciudades, como la convivencia con más calma y más conversaciones entre personas reales y no solo virtuales, seguía ahí. ¡Y cómo jugaban los niños!

Había cuatro niñas que eran muy amigas. Se llamaban Constanza, Paulina, Matilde y Azucena y realmente se entendían y se divertían. Las cuatro amigas estudiaban en el mismo colegio por la mañana, tenían casi la misma edad, unos doce años. Las cuatro niñas se divertían con los innumerables juegos que siempre inventaban.

El pueblo, en cierto modo, todavía era bastante rústico. Las casas eran sencillas y pequeñas; las calles, algunas de ellas, estaban hechas de tierra; las pequeñas casas, cercanas al río, no tenían electricidad ni agua corriente; había un pozo artesiano con muy buena agua para estas familias. Y fue en una de estas casas, cerca del río, donde Azucena vivía con su familia: su abuelo y su abuela maternos, su madre y una hermana que acababa de cumplir ocho años. El padre, hacía unos años, fue a buscar trabajo a una ciudad vecina y hasta el día de hoy no había dado señales de vida. Nadie sabe si pasó algo que le impidió regresar o si aprovechó para liberarse de la responsabilidad de cuidar de una familia; sin embargo, Azucena lo extrañaba terriblemente.

Y desde pequeña demostró una facultad no muy común... no se alarmen... hablaré bajito... pero veía gente de allí... y hasta hablaba con... muertos gente, como dicen.

Cuando era muy pequeña tenía mucho miedo, pero su abuela Martina... que aprendió de su abuela... que aprendió de su abuela... que ni siquiera sabe de quién aprendió... comenzó a explicarle lo que estaba pasando y, poco a poco, dejó de tener mucho miedo para sentir solo un poquito. Su abuela incluso le dijo que un día, después de entender muchas cosas, no tendría miedo en absoluto.

Un día, cuando Azucena tenía seis años, estaba jugando con unos sencillos juguetes en la pequeña parte que llamaba su habitación y donde estaba su cama, cuando se dio cuenta que también había un niño sentado allí jugando. Ella lo miró tratando de reconocerlo, pero no recordaba dónde. Nunca lo había visto por el pueblo. Ella lo miró una vez más y aun sin recordarlo comenzó a jugar y hablar con él, se hicieron amigos, viéndose a diario durante unos tres años. Pero fue solo Azucena quien lo vio. Después de ese período, la niña nunca más lo volvió a ver. Ella cree que se mudó con su familia. ¡Chica inocente! Y tantos otros casos vivió la joven.

Hubo un tiempo en que vio tanta gente del otro lado – me refiero al otro lado, la dimensión donde se quedan los espíritus, y hay muchos lugares en esa dimensión como si fueran... estaciones de radio... muchas estaciones de radio, podemos sintonizarnos, pero cada uno tiene su espacio y su forma de ser escuchado – que un día ella gritó "ahhhhhh..." y les preguntó: "Quiero saber quién es de aquí y quién es de allá." La abuela solo la miraba de lejos, ya que sabía lo que estaba pasando y no interfería. De repente, un joven dijo: "Yo soy de allá... y, de hecho, los que ves aquí también son de allá. De alguna manera te darás cuenta quién es de allí.

Acudimos a ti porque sentimos que nos entiendes y queremos hablar... no te haremos daño."

A partir de ese día Azucena estuvo más tranquila, pero anteayer les dijo que necesitaban organizarse, que ella tenía una vida que vivir... jugar... hablar con gente de aquí y no estar todo el tiempo con gente de allá. Estaban un poco tristes, pero fue la abuela Martina quien le pidió a Azucena que hablara con ellos. Y hoy, la niña acudiría a la sencilla fiesta de cumpleaños de su querida amiga Matilde.

Azucena ya les advirtió: "Soy la única que fue invitada, ¿no?"

Las miradas eran tristes, pero tenían que ser respetuosas, pues la niña los ayudaba mucho hablándoles y explicándoles muchas cosas que les ayudaban; le enseñó su abuela Martina.

Azucena traería para su cumpleaños un regalito muy bonito, hecho por su abuela: una muñeca de trapo. Su abuela tardó una semana en hacer la muñeca, y la abuela Martina también aprendió esta actividad de su abuela... que aprendió de su abuela... que no sé ni de quién aprendió. Pero la muñeca era hermosa.

Entonces, Azucena cogió el regalo envuelto de forma casera, le dio un abrazo a su abuela y le dio las gracias y se fue, muy guapa, con su vestido más bonito, también cosido por su abuela, y siguió el camino hasta la casa de su amiga Matilde. Tantas miradas quedaron atrás... pero solo Azucena había sido invitada.

La niña, un poco tímida, llegó a casa de su amiga; las otras amigas acababan de llegar. ¡Y qué bien se amaban! Si alguna de ellas faltaba a un juego o simplemente para hablar frente a una de sus casas, no era lo mismo. Para la felicidad de todas era necesario estar juntas.

Y en la fiesta de Matilde las cuatro estaban muy felices, porque además de estar todas ahí, era una fiesta de cumpleaños y hasta había una torta hecha por la mamá de la cumpleañera. ¡Jugaron tanto! Todo era motivo de risa y felicidad. Y finalmente llegó el momento de cantar "feliz cumpleaños", así lo decían.

Había exactamente doce personas en la fiesta; los ocho restantes eran familiares de Matilde.

La madre de la cumpleañera trajo una vela blanca ya usada y la colocó con cuidado sobre el pastel, obligándolo a mantenerse firme y no caerse. Entonces comenzó la canción; las niñas cantaron de alegría y Matilde, entonces, con un fuerte soplo, apagó de una sola la vela blanca.

Y en toda esa alegría, Azucena vio las caras que estaban allí en la fiesta, y pensó: "¿Qué hacen aquí?" La respuesta no se hizo esperar: "Sé que nos pediste que nos quedáramos en casa, pero, Azucena, solo tenemos que pensar en un lugar donde ya estamos." Y uno más... y uno más... y uno más... sumando eran casi todos los visitantes más comunes... de allí... conocidos por Azucena.

¿Qué hacer? Lo único que sé es que la niña se quedó sorprendida y un poco asustada, porque se dio cuenta que gente de allí podía estar en todas partes.

Los ojos de la niña permanecieron quietos, observando. La gente de allí también estaba un poco avergonzada de estar allí. Pero Azucena pronto les habló mentalmente: "Está bien, ya que están aquí, pueden quedarse, pero por favor no lo compliquen más. Hoy es el cumpleaños de mi amiga y quiero seguir siendo feliz."

Una niña allí le dijo mentalmente que ese día también era su cumpleaños. Ella estaba triste. No estaba con su familia. Pero Azucena rápidamente pensó que era muy querida y pronto estaría en el lugar indicado para su felicidad. Todo lo que Azucena transmitió a quienes estaban allí lo enseñó su abuela Martina.

Como Azucena se veía un poco diferente y sus amigas sabían que veía gente de allí, Constanza y Paulina se acercaron a la joven y le preguntaron si todo estaba bien. Ella volvió a este lado, a la tierra, y respondió, con una sonrisa, que sí.

El pastel estaba muy rico, aunque su apariencia era completamente sencilla y no tenía glaseado; Después de comer un trozo y beber jugo de limón, se fueron a jugar... y cuantos juegos inventaron. Azucena se entretuvo con las acciones de este lado. Y corrieron un poco, se detuvieron; hacían juegos que no requerían correr, otros que requerían los viejos mimos, adivina mi canción y muchos más... y la gente allí estaba cerca.

Y la cumpleañera de aquí estaba muy feliz, pero la cumpleañera de allá todavía estaba muy triste. Y Azucena se dio cuenta y pronto habló en voz alta a las niñas:

– Me acordé que tengo una amiga que se llama Laurinda y hoy también es su cumpleaños. Me gustaría que supiera que es muy querida y pronto estará en un lugar muy agradable y tranquilo... ¡Y viva Laurinda!

Y la cumpleañera de allí se emocionó y tan... tan feliz y dijo en su pensamiento: "Gracias Azucena, hacía mucho que no me sentía tan feliz."

Azucena entonces le dedicó una sonrisa. La alegría estaba ahora en ambos lados.

Y las chicas del otro lado estaban muy felices. La sencillez y un corazón tranquilo son combinaciones perfectas para alcanzar la felicidad. Pero el tiempo pasó rápido y necesitaban regresar a sus casas, todavía necesitaban estudiar para el examen del día siguiente. Luego se despidieron de su querida amiga y cumpleañera, Matilde; Mañana jugarían más... y luego... y luego... de hecho, querían jugar por el resto de sus vidas. Ah... niños... ¡qué buena es esta etapa!

A excepción de Matilde, que ya estaba en su casa, las otras tres amigas caminaron juntas otro tramo del camino y pronto se separarían para volver a casa. Y en el momento se despidieron... Dios mío... ¿qué fue eso? De pronto un viento muy fuerte sopló ruidosamente; el susto fue tan grande que los tres no pudieron entendieron lo que estaba pasando; se abrazaron y buscaron refugio.

Esta fue una época de muchas tormentas, pero nunca nadie lo había reportado así, de repente. Las niñas corrieron a una tienda de comestibles y se escondieron. Desde el establecimiento, con más tranquilidad, pudieron comprobar que no había tormenta, ni vendaval... era simplemente un helicóptero aterrizando en tierra del pequeño pueblo. Ni ellos ni la gente de ese lugar habían visto jamás una "máquina" así. Y cuánta curiosidad despertó.

Con el helicóptero ya aterrizado y el motor apagado, el movimiento de las hélices se calmó. Se abrió la puerta del avión y descendió un hombre muy bien vestido, miró hacia el pequeño centro del pueblo y notó que casi todos los vecinos estaban allí queriendo saber qué era eso y qué estaba pasando.

– Por favor, perdóneme por la sorpresa y el inconveniente ocurrido. Soy Aloísio Chávez Durán, agricultor – el distinguido caballero se disculpó y se presentó.

Mientras el hombre se presentaba ante las personas que cada vez aparecían más curiosas, el piloto se bajó y otro hombre también. Y cuando éste se acercó tímidamente al señor Aloísio, los ojos color miel de Azucena se encontraron con los ojos color miel del hombre.

La niña no lo podía creer... su corazoncito se aceleró... la emoción se hizo fuerte y su carita se transformó en la más pura expresión emocional. Salió de la tienda y se acercó al hombre, ni siquiera se dio cuenta si había gente alrededor o no, solo vio los ojos color miel del hombre. Hasta que ella se acercó a él, él quedó completamente conmovido al ver esos pequeños ojos del mismo color.

- ¿Eres Cristián? – Preguntó la niña con el rostro bañado en lágrimas.

– Sí, Azucena... mi querida hija.

La niña se acercó lentamente y se paró justo frente al hombre. Abrió los brazos, con cierto miedo, y con tanta ternura se dejó en los brazos paternos que tanto extrañaba su hija. El abrazo más valioso; un momento inolvidable para la pequeña y su padre.

Los vecinos, que conocían la historia y conocían a Cristián, quedaron muy conmovidos. Incluso yo me emocioné. ¡Oh, qué maravilloso es el amor!

El granjero no escatimó otras palabras, habrían sido completamente innecesarias.

Después del consolador abrazo, la hija miró a los ojos de su padre, que la miraba.

– ¡Papá, te extraño mucho! Nunca te olvidé. Todas las noches... soñé que volvería con nosotros.

- Lo siento, cariño. Y cada día me acordaba de ti y de tantas, tantas cosas de ti - dijo el hombre.

– Pero papá, ¿por qué nos abandonaste? – preguntó Azucena.

– Hija querida, salí a buscar trabajo y pasaron tantas cosas... la vida me llevaba cada día a un lugar nuevo, hasta que encontré trabajo en la finca del señor Aloísio y me instalé... y con mejores condiciones volví a dar una vida mejor para ti – explicó Cristián y secó las lágrimas de su niña.

Azucena abrazó una vez más a su amado padre y pudo ver allí a sus amigos, todos sonrientes y felices por la poca ayuda que le brindaron. Ya sabes, la gente de allí tiene la capacidad de leer pensamientos y transportarse instantáneamente, así que ni siquiera necesito comentar sobre la ayuda permitida.

Luego de una sonrisa agradecida a sus amigos de allí, Azucena miró a su padre y le preguntó, ya con ganas de decir:

- ¿Nos vamos a casa, papá? Nuestra familia siempre te ha esperado también.

- Si mi querida.

El padre tomó la mano de su hija y los dos buscaron el camino a casa. Pasaron junto a personas que les sonreían.

De este lado Azucena le dio la mano a su padre y la otra mano se la dio a Laurinda, su amiga de allí, y muchos otros amigos de allí también los acompañaron a la casa.

El amor siempre reconstruye. Y seguramente se entenderán.

Bueno, ahora les dejo, lectores, un poco para que sean testigos del encuentro lleno de sentimientos, palabras, explicaciones y abrazos de la sencilla y querida familia del pueblo chileno. Mis amigos de allí ya me están esperando, pero yo no soy como Azucena que puede verlos... yo... de hecho ya soy uno de ellos... de allí... y también amigo de Azucena.

Aliento para el de una madre.

Después del evento, en la casa ya no había risas, ni ojos brillantes, ni alegría de simplemente estar con alguien a quien amar tanto y abrazar a ese alguien. Y el ambiente en aquel hogar había dejado de ser luminoso y se había vuelto triste, sin los colores de la vida.

El gran cambio se produjo cuando Leocádio, un chico de dieciséis años, tuvo un accidente con el vehículo que lo llevaba de la escuela. El conductor era un señor experimentado, contratado por cuatro familias para llevar a sus hijos a la ciudad vecina, un centro más grande y que ofrecía mejores estudios. ¿Cuántos días, meses, hizo este viaje bajo la lluvia, sol, frío, calor? Sin embargo, fue en un día con cielo despejado, visión amplia y clara, que sucedió lo que pasó. Solo les faltaban unos pocos kilómetros para llegar al humilde pueblo donde vivían, cuando un animal aturdido pasó por delante del vehículo. Asustado y desorientado, el conductor perdió el control y cayó por el barranco. El coche volcó al menos tres veces antes de detenerse sobre una superficie cubierta de hierba baja.

Pasaron algunas horas antes que las víctimas recibieran ayuda y fueran trasladadas al hospital. El conductor, aunque muy preocupado y asustado, se encontraba bien, al igual que los otros tres chicos. Sin embargo, no fue así con Leocádio, un chico muy guapo, sano y lleno de planes; había sufrido un traumatismo en el cuello y no pudo soportarlo, falleciendo.

Fue un evento muy conmovedor. La pequeña población intentó ayudar a la familia del muchacho con apoyo, atención y mucho cariño. Debido a que era una ciudad pequeña, todavía existía un intercambio más animado de amistad, donación y beneficio entre las personas.

La madre estaba inconsolable y más deprimida con cada nueva hora. El padre también se encontraba en un verdadero estado de precariedad sentimental y espiritual; la tristeza se había apoderado de él; sin embargo, aun con la debilidad de la ocasión, sentía tímidamente, pero aun así, una llama de fe y que había un Padre Omnipotente con la sabiduría de todo.

El tiempo avanzó entre amaneceres y anocheceres.

En la casa la alegría no encontraba espacio, ya que la energía generada por los sentimientos y pensamientos, especialmente los de la madre, era de gran daño físico y espiritual. El cuerpo estaba desnutrido, apático, abierto solo a las enfermedades, desde las más simples hasta las más complejas e inexplicables.

La esposa se alejó de su marido; el desequilibrio fue tan grande que las palabras, las actitudes, los sentimientos y toda forma de expresión se volvieron incompatibles.

Y se acercó un momento negativo: al parecer, las dos almas, marido y mujer, estaban a punto de renunciar al compromiso adquirido, a dar un paso más grande.

La madre, llamada Esmeralda, solo oró por su muerte para poder reunirse con su amado hijo; el padre, aunque con un poco de fe, no estaba decidido sobre el camino a seguir, los momentos de debilidad fueron mayores y atacaron con más fuerza su fe aun tambaleante.

El desorden estaba presente y se intensificaba con la energía favorable a la propensión.

Después de meses de cruel sufrimiento en los corazones paternos, aun más visible en el materno, un día en la noche, la desesperación de los afligidos, cuando la voz materna suplicó una vez más su partida para reunirse con su niño, con el rostro bañado en lágrimas, las lágrimas más dolorosas e insosteniblemente dolorosas que su corazón pudo soportar, la madre, compañera fraterna del espíritu de su hijo, se durmió como una niña exhausta, en los brazos de su padre.

La madre, en el momento de su descanso nocturno, en la cama donde había presenciado durante meses el inquietante desmayo de su cuerpo y de su alma, había recibido el bálsamo calmante administrado por manos etéreas que irradiaban una luz brillante y reparadora. Cuando la respiración adquirió un ritmo más rítmico y suave y el corazón permaneció más tranquilo, cada célula del cuerpo fue visitada por una energía beneficiosa y reparadora, brindando oportunidades para el momento inminente.

El cuarto recibió protección energética a través de una espléndida luz, aislando el ambiente. Y con toda la exquisita y eficiente preparación, el espíritu inconsolable de la madre fue sostenido y guiado hacia la dimensión atemporal e inmaterial. Una ocasión que parecía el comienzo de un sueño, posiblemente común, si no fuera por el tan esperado reencuentro de la madre con el amado espíritu de su amado hijo. Esmeralda caminaba lentamente y era sostenida por dos jóvenes, una chica y un chico, que la sostenían en cada brazo, en una iluminación tan incomparable a la tierra.

Los tres se acercaron a un joven, sentado, que parecía inspirar cierto cuidado y, por tanto, estaba acomodado en el sencillo sillón. Alrededor del joven también se encontraban quienes parecían ser cuidadores. Eran dos hombres, tal vez de mediana edad, pero robustos y vivaces, de semblante cariñoso y tranquilo; de hecho, uno de ellos era un miembro muy querido de la familia.

La madre, cuando se encontró cerca y reconoció los ojos inolvidables e inconfundibles, el rostro tan familiar, sintió su rostro visitado por lágrimas de feliz emoción, que finalmente bañaron por completo el rostro de la madre.

- ¡Hijo amado! ¿Eres tú? – Preguntó la madre, queriendo tocarlo.

– ¡Sí, querida madre, soy yo! – Respondió también el hijo con un profundo sentimiento de nostalgia.

Y el abrazo en la dimensión atemporal e inmaterial se produjo desbordante del amor más puro: entre madre e hijo.

Fue un tiempo inconmensurable, imposible de describir con las palabras habituales, porque el sentimiento, que contiene la verdad de la emoción, trasciende, va más allá de las barreras de la razón y solo la esencia eterna – espíritu y alma – es capaz de comprenderlo y retenerlo por completo.

El hijo, sentado, abrazó a su querida madre, arrodillada junto a su hijo. Las oportunidades beneficiosas renuevan y fortalecen el viaje.

Después del intenso y renovador abrazo, la madre miró a los ojos de Leocádio:

– ¡Hijo mío, cuánto te extraño! ¿Cómo estás mi corazón? ¿Qué es este lugar? ¡Vuelve conmigo, Leocádio, hijo de mi corazón!

Esmeralda estaba molesta por la presente ocasión. Había llamado tanto a su hijo y ahora se encontraba frente a él.

– Querida madre… ¡escúchame! – Pidió el hijo, acariciando el rostro de su madre. - ¡Por favor mamá! Levántate y siéntate frente a mí. ¡Necesito hablar contigo! – Con ternura, dijo el hijo. La mujer se sentó en una silla blanca justo frente a sus amados ojos. Y el hijo tomó las manos su madre.

– Antes de comenzar con mis palabras, querida madre, quiero decirte cuánto te amo, admiro y respeto – le dijo el hijo con emoción en su voz.

– Yo también, hijo mío… ¡cómo te amo! Ya no puedo vivir… tú eres mi razón, hijo mío. No puedo hacer nada… ¡ay, hijo mío! – Y la madre besó, entre lágrimas, las manos del menor.

– Madre… por eso me permitieron verte y hablar contigo – explicó el muchacho.

– Sí, querido, di lo que quieras... dilo, amor... ¡qué alegría estar contigo! – Dijo la madre emocionada, feliz, llorando.

– Mamá... ¡escúchame! Me aclararon muchas cosas sobre el evento. Querida madre, para esto hubo un propósito y un compromiso. Para que entiendas, en el accidente la víctima fatal fui solo "yo"... mis amigos y el conductor no sufrieron casi nada, fue más bien el susto que los sacudió – y los ojos amorosos del hijo miraron a su madre.

Esmeralda, con lágrimas que no se secaban de su rostro, escuchaba atentamente a su amado hijo.

– Mamá, necesitas cambiar tus pensamientos y sentimientos... no hay culpables, simplemente lo ocurrido en el momento dado. Estoy mejorando con cada nuevo momento, pero madre, el sufrimiento y la revuelta que siente tu corazón no me facilitan, solo me dañan y me impiden dar los pasos hacia mi nuevo camino, porque puedo vivir la misma sensación que experimentas, las mismas lágrimas tristes que corren por tu rostro.

La madre miró a su hijo y comprendió el significado de cada palabra.

El hijo prosiguió:

– Mi querida madre, necesitas comprenderme y seguir amándome como antes, sintiendo la misma emoción, sonriendo tan bellamente como tú, apoyando a las personas que esperan tu ayuda, viviendo la vida con alegría, amando a papá, sin culpar al conductor del auto, visitándome, orando y agradeciendo al Maestro Jesús... Estoy vivo, madre, justo en este momento estamos en diferentes dimensiones, pero en el tiempo dado podremos volver a encontrarnos y vivir, otra vez, en el mismo tiempo y espacio...

– Mi amado hijo, qué feliz es poder verte y escuchar palabras tan refrescantes para mí – se expresó la madre.

- Sí, madre. Te pido, pues, que vivas con alegría y apoyes a quien puedas. La vida está presente y hay que cuidarla – hizo una pausa –. Mamá, ahora necesito volver. Te pido, querida madre, que sientas por mí el amor y el cariño de antes... Puedo sentir tus sentimientos, pero solo lo beneficioso puede ayudarme – el hijo tomó las manos de su madre –. Siente siempre mi amor, cariño y admiración. Yo soy tu hijo y tú mi madre, y este amor trasciende el tiempo y el espacio. Ten alegría, madre querida... necesitamos caminar.

Esmeralda y Leocádio, madre e hijo, se abrazaron con cariño y no pudieron contener las lágrimas, ahora embargado de la emoción comprendida y de la oportunidad de estar juntos para una clarificación... don divino.

Se miraron una vez más... y una vez más quedaron asombrados del amor verdadero.

Y al final, la luz se intensificó.

Durante la ocasión, Esmeralda ni siquiera se dio cuenta que uno de los cuidadores de su hijo era un familiar tan estimado y cercano, a quien ella amaba tanto.

Luego del reencuentro, la madre regresó al ambiente físico, en la cama de su habitación. Poco a poco se fue despertando, eufórica por el suceso. Se pasó la mano por los ojos y estos se humedecieron con lágrimas de emoción. Los abrió y experimentó una sensación nueva y vigorizada. Su corazón, conmovido, estaba ligero, un sentimiento que no había tenido desde el incidente. Pudo recordar el encuentro con su hijo, no los detalles, sino el importante mensaje que le había dejado.

Al amanecer siguiente, Esmeralda cambió de actitud debido a un renovado pensamiento sobre la comprensión y el amor. Como dosis homeopática, la madre, a lo largo del día, recordó el momento beneficioso con su hijo, revivió las palabras, todas las enseñanzas que su hijo le había dado. De hecho, había recibido un regalo decisivo para su camino, porque desde entonces sus pies buscaron el nuevo camino; sus ojos observaban más a menudo cosas buenas; sus palabras de apoyo fueron dichas más veces a un mayor número de personas; su corazón reaprendió a sentir el amor puro y su alma, mucho más ligera y desprendida, comenzó a tomar vuelo nuevamente hacia el progreso, la libertad de todo espíritu.

Su felicidad cobró más brillo al saber que, con esa nueva actitud, su amado hijo también estaría mejor y con condiciones favorables para lograr su crecimiento.

Y al final de la tarde cuando el sol se ponía, Esmeralda miró al horizonte y dijo, con la voz de madre amorosa que era:

– Padre omnipotente y omnipresente, plenamente consciente de todo y de todos, te agradezco eternamente tu bondad por el reencuentro con mi hijo. Te pido, según Tu permiso, fe, fortaleza y comprensión a todos los niños que, siendo jóvenes o de mayor edad adulta, dejaron a sus padres... a sus madres y pasaron a la dimensión real del espíritu con el conocimiento del propósito, o en algunos casos incluso, no, en cuanto a cumplir con sus compromisos – hizo una pausa y respiró hondo –. Y sin embargo, Señor... Padre de amor y de infinita misericordia, te pido por los padres y madres que sintieron el adiós prematuro, aparentemente, de sus amados hijos. Que estos padres del momento reciban la luz de la esperanza, la renovación y la comprensión para continuar con sus pasos en el empeño continuo de la vida. Que siempre seamos apoyados con luz y amor. Gracias Señor.

Y con la oración tan verdaderamente sentida por Esmeralda, el Sol terminó de ponerse, dando paso a la Luna, acompañada de las más hermosas y brillantes estrellas del cielo con el perfecto fondo azul oscuro.

Esmeralda y Leocádio, después de su reencuentro, volvieron a la vida.

La madre, entusiasmada por la oportunidad comprendida, se fortaleció al descubrir lo mejor de sí misma en el plano material; y el hijo sintió la libertad y la renovación para recorrer los caminos del progreso en el plano real del espíritu.

Con comprensión, amor y fe, las almas y los espíritus obtienen el apoyo que necesitan para dar los pasos más elevados y cada vez más sublimes.

En el pequeño pueblo, Esmeralda se convirtió en la madre protectora de los desfavorecidos, la hermana comprensiva de los hermanos desequilibrados, el alma benefactora en el campo del bien. Y las mañanas y las tardes, desde el nuevo tiempo en adelante, ganaron el brillo del Sol anaranjado y las noches fueron abrazadas por la luz de las estrellas y guiadas por el brillo de la Luna y acompañadas cada momento del amor comprendido.

Un sueño en el momento de la muerte.

El señor Hian había formado una familia. Sus hijos estaban casados y ya le habían dado algunos nietos. Él, un buen hombre, siempre había trabajado en la agricultura, herencia familiar, pero en los últimos meses había enfermado y, hacía unos días, fue trasladado de urgencia a un hospital.

Se utilizaron todos los recursos para su recuperación; sin embargo, solo se notó una reducción del dolor y ninguna mejoría. La familia estaba presente; su esposa, Evie, una gran compañera, siempre a su lado.

El jueves, alrededor de las cuatro, inesperadamente, la habitación del hospital de Hian quedó sin nadie presente, solo el hombre en su cama. Esto no había sucedido antes.

No pasó mucho tiempo, un joven entró tranquilamente y se posicionó cerca de la cabecera. Pasó su mano por la cabeza del hombre, quien con dificultad abrió los ojos y miró.

– Hola, Hian – saludó el muchacho.

El hombre mostró una sonrisa tímida, pero parecía querer decir algo.

– Voy a inclinar un poco la cama para intentar hablar – dijo el joven antes de comprender la necesidad.

Una vez mejor acomodado, Hian accedió con otra discreta sonrisa en la comisura de sus labios.

El joven extendió sus manos sobre la cabeza del hombre, sin tocarla, durante unos segundos y una suave brisa de bienestar se extendió por el sencillo ambiente. Entonces, Hian estuvo listo para decir lo que tanto deseaba.

- Me gustaría hablar.

– Sí, di lo que quieras – dijo el joven, atento.

– Un deseo… – se expresó con cierta dificultad.

El chico estaba muy cerca.

– Me gustaría decir lo que realmente quería hacer – dijo el hombre lentamente, pero con un poco más de calma después de imponerle las manos en la cabeza.

– Bueno, estoy aquí para escucharte – dijo el joven.

– Hijo mío, hoy al analizar se confirma más la grandeza de la vida… frente a la pequeñez que muchas veces cultivamos a diario – hizo una pausa y su mirada se distanció con los recuerdos –. Cuando eres joven todavía necesitas aprender mucho, pero cuando los años pasan tan rápido y los vicios y los errores ganan unanimidad en el escenario de nuestro camino, sinceramente, esto nos entristece mucho… y solo nos damos cuenta, claramente, cuando nos vemos obligados a hacerlo. Nos recogemos entre bastidores y, así, tenemos tiempo para pensar y analizar…

El joven, atento, escuchó al hombre que retomó su consideración:

– ¿Sabes, amigo, cuando mis hijos eran niños, cuántas veces me pidieron que participara en sus juegos…? Pero el trabajo estaba antes que todo. Mi esposa, en los pocos viajes que hacía, siempre iba sola. Nunca tuve tiempo de mirar los dibujos de mis hijos... Después de cenar me quedé dormido y mi mujer sola lavó todos los platos y acostó a nuestros pequeños. Mirándolo ahora, mi egoísmo me hace más pequeño que una cuenta de mostaza.

– Hian, intenta desahogarte sin sufrir tanto, ya que lo hecho solo sirve como ejemplo. Comparte, pero ten amor y compasión por ti mismo – le explicó el chico.

– Muchacho, cuando te das cuenta que hay tanto por hacer, la asimilación es muy difícil – se lamentó el hombre –. También pienso en los lugares a los que podría haber ido; en los abrazos que no di; en aquella época no tenía que escuchar a la gente; en los atardeceres que ni siquiera noté; en el cielo azul y el sol brillante que no recordaba que existía; en risa ausente; en la mirada amorosa inadvertida; en el silencio en los brazos del compañero que no valoré... pienso en la incomparable maravilla que es la vida... y que no viví – en ese momento los ojos de Hian estaban bañados por las lágrimas de tristeza, de arrepentimiento –. Oh, Dios mío, ten piedad de mí...

El caballero ya no pudo continuar debido a la cantidad de emoción que lo había invadido.

Entonces, el muchacho se acercó y, nuevamente, puso sus manos sobre la cabeza del hombre.

En unos segundos, Hian volvió a calmarse y buscó la figura del chico.

– Lo siento, pero aunque me resulta familiar, no recuerdo quién eres – dijo el hombre.

– Hian, tal vez soy un amigo en este viaje... que solo cultivé cariño por ti... y no fui notado; sin embargo, siempre estuve a tu lado – dijo el muchacho.

Y los ojos del hombre, una vez más, se ahogaron.

– Muchacho, gracias por escucharme. Me siento un poco confundido... vinieron muchos recuerdos, pasajes... y de todos pude sentir la emoción. Gracias, me siento más aliviado... Muchas, muchas gracias.

Y Hian suspiró profundamente y el cordón se rompió. Los ojos del hombre se humedecieron por la visita de esa gran emoción y suceso posterior; había sido un valioso regalo para su espíritu poder seguir el camino de la eternidad.

La misericordia del Señor concedió a este hombre su propia aclaración mientras aun estaba en su envoltura terrenal.

En la habitación del hospital, el apoyo de dos buenos espíritus fue evidente y oportuno. Se cuidó cada detalle; nada escapa a los ojos de la atención espiritual.

En esa sala estaban presentes algunos familiares del campo etéreo, así como dos grandes amigos, amigos de mucho tiempo, de Hian. Y el apoyo fue revisado minuciosamente ante el incidente.

Pasaron unos segundos más y la esposa del hombre entró en la habitación. Los ojos de su compañero todavía estaban húmedos. La señora se acercó rápidamente, disgustada por el momento de soledad de su esposo; sin embargo, al darse cuenta que Hian ya no respiraba, de hecho, el llanto, que era muy sentido, comenzó descontroladamente, y abrazar a su pareja fue la primera acción que tomó. Para la esposa vinieron sentimientos diferentes, desde el tiempo vivido e incluso desde el último momento de haberlo dejado, solo, para esos últimos minutos.

Amigos espirituales permanecieron en el ambiente, buscando, con energía benéfica, armonizar y fortalecer a los familiares para esta nueva etapa, esencial para todos.

Quizás no sea un privilegio común, en el momento de la partida, poder lamentar todo lo que pudiste haber hecho; sin embargo, es una oportunidad definitiva para poder hacer lo mejor en relación con todo y con todos en cada existencia presente; el libre albedrío será la acción y su idéntica reacción.

Que las verdades universales sean percibidas y preservadas con amor, valorando siempre lo importante y sin tanta preservación y cuidado lo efímero e ilusorio.

El amor, la paz, la bondad, la paciencia, la tolerancia, la familia, la fe, la comprensión y el respeto son todas verdades universales.

Siempre es momento de despertar y empezar o volver a ser el corazón que valora la vida.

Espero que Hian haya comprendido el valor de una existencia y nosotros, lo antes posible, podamos vivir más de acuerdo con la perfecta y bendita propuesta del Maestro.

Las flores que nacen de las lágrimas del dolor.

Ojalá estuviera esperando a los padres que regresan de un viaje.

El hijo estaba sentado esperando, pero no llegaban buenas noticias. La familia ya se estaba reuniendo en casa del chico; sin embargo, el llanto fue mayor que los abrazos de felices reencuentros.

Inexplicablemente, los padres de Isaac amanecieron muertos en la cama de la pareja. Se desconoce la causa del inesperado suceso... ambos a la vez. Se consideró un supuesto incidente con alguna comida inapropiada servida en la fiesta de la noche anterior, a la que había asistido toda la familia; sin embargo, solo la pareja había sufrido tal complicación que los llevó a su muerte.

Se pudo encontrar la razón, pero eso no haría que los padres del niño tuvieran un contacto común.

De repente, llegaron las urnas para el velatorio; Momento importante para la oración y ocasión para el desapego del cuerpo físico, una conexión más intensa con el plano espiritual, ya que la bondad del Padre es la eternidad de los días para el espíritu.

Primero se colocó el cuerpo de la madre, luego el del padre. Isaac se sentó entre ellos. Puso una mano sobre uno y luego sobre otro, se puso de pie y miró a cada uno con tanto amor, tanto cariño.

Los presentes quedaron muy conmovidos por la docilidad del muchacho, hijo del matrimonio. Aun con la triste situación,

Isaac no se desesperó, cuidó de su padre y su madre, a pesar que ya no necesitaban apoyo físico. Sentado en la silla entre los dos, balanceaba sus pequeños pies colgando, era delgado y ni siquiera llegaba al suelo para descansarlos.

Los abuelos y los tíos, uno a la vez, llegaron al oído del niño y, con mucha delicadeza, le preguntaron si necesitaba algo; incluso le llevaron agua y jugo, ya que no se alejó mucho de su rol de cuidador amoroso. Solo había ido al baño dos veces por la mañana y ya habían pasado dos cuartos de la tarde.

Isaac era recibido con abrazos y besos en la mejilla y la gente siempre le dejaba una pequeña lágrima en la cara. Quizás estas lágrimas no fueron solo por la pérdida de la pareja, sino mucho más por la conmovedora actitud del pequeño huérfano. La ternura de su mirada hacia sus padres, dormidos en sus ataúdes, difícilmente se había visto antes en otros ojos.

Como si todo este revuelo no fuera suficiente, el hijo seguía hablando con sus padres sobre asuntos cotidianos, como si ambos pudieran responderle; Los tres normalmente hablaban y compartían las sencillas y maravillosas conversaciones cotidianas entre risas y mucha felicidad.

Y este momento memorable para Isaac estaba por terminar, cuando un hombre con actitud tranquila y amorosa entró al salón donde se realizaba el velorio para decir amables y reconfortantes palabras a los presentes, enfatizando a su hijo y familia. Tras el reconfortante mensaje, las urnas serían recogidas y llevadas a la tumba familiar, que fue preparada para recibirlas. Cuando se anunció la hora de cerrar los párpados, naturalmente, algunas de las personas más cercanas comenzaron a despedirse y se convirtió en un ritual para la gente despedirse con una mirada a los dos fallecidos y un beso en la cara o cabeza del hijo de la pareja...

Exactamente a las siete de la tarde de una tarde de primavera se celebraría el funeral de los padres de Isaac.

Como es común, antes de realizarse el entierro, en el cementerio, se realiza otra oración con el cuerpo presente y, así, se produjo en ese momento; sin embargo, las amorosas y reconfortantes palabras fueron pronunciadas por un hijo, ahora huérfano, de apenas once años.

El niño soltó tranquilamente la mano de su abuela materna y pidió decir algo. Todos, ya muy conmovidos por el insólito suceso, con aun más expectación, comenzaron a escuchar.

Isaac, aparentemente tan frágil, comenzó a hablar, colocado en un lugar donde todos pudieran verlo. Con las manos entrelazadas a la altura del corazón, el pequeño inició el discurso de un hijo diciendo sobre sus padres:

– Primero que nada doy gracias a Dios por ser hijo de mis queridos padres. Cuántos momentos felices pasamos juntos, tantas cosas que descubrimos, cuánto hicieron mis padres por mí.

El niño hizo una pausa y sus ojos brillaron como una gota de rocío en la mañana de un nuevo día, pero sin desesperación, ya que sus padres le habían enseñado sobre el significado de una existencia en relación con la eternidad de la vida. Isaac fue iluminado por una luz alentadora y tranquila, y amigos del otro plano lo apoyaron para la ocasión. Él continuó:

– Cuando tenía miedo de dormir solo por las noches, mamá hablaba con papá y él inmediatamente me buscaba y en sus brazos me llevaba a su cama y, con tanta alegría, hablábamos los tres y allí habría muchas risas, pero eso fue solo cuando tenía mucho miedo. Y cada vez que necesitaba explicarme algo, cuando yo aun era un niño, papá se agachaba y se arrodillaba para mirarme a los ojos y, así, con palabras muy sencillas y fáciles de entender, podía entender y aprender la nueva lección. Cuando hacía mucho frío, los tres nos quedábamos acurrucados en el sofá, pero mamá me ponía a mí, sentado entre los dos para que estuviera abrigado y protegido. Mamá, todas las noches, rezaba conmigo una oración de agradecimiento y petición de cosas buenas, salud y protección, también para que yo sea un niño y, cuando sea grande, un hombre de bien, que respete y entienda a las personas, a los animales y a toda la naturaleza, porque mi madre decía que tener respeto era el comienzo del amor, y aunque todavía no quisiera a alguien como amo a mis padres, pero con respeto ya entendería su importancia y algún día también podría amarlo.

Lentamente, algunas lágrimas brotaron de los ojos del niño, mientras en los rostros de los presentes, incluso los más aparentemente insensibles, había un baño de lágrimas de emociones. Momentos como este son un reflejo puro de cómo interactuamos con las personas más cercanas a nosotros y con la vida en general.

Y el hijo volvió una vez más para concluir su sencillo y verdadero discurso:

- Solo un poquito más. Tengo muchas ganas de agradecer a Dios y pedirle que lleve a mis padres a un lugar muy hermoso y protegido, y como una vez me dijo papá: "nos volveremos a encontrar hijo", espero ese día, pero con mucha felicidad de seguir viviendo aquí, porque mamá me dijo que una sonrisa en los ojos trae alegría a todas las cosas. Y también agradezco a todos por estar aquí y fortalecerme con palabras, cariño y muchos abrazos... y ahora continuaré mi vida y, además, seré el buen hombre que tanto quería mi madre.

Isaac colocó una mano sobre cada ataúd y los sollozos llegaron fuertes e incontrolables. Se bajaron las dos urnas al tamaño adecuado y pronto se recogieron y se terminó el lugar con los acabados necesarios.

Al final de esa tarde, con los rayos del Sol muy débiles, el niño, de la mano de su abuela materna que ahora tendría la importancia de su madre, regresó a la casa sin sus padres. Una nueva vida había comenzado. Aquel niño aparentemente frágil caminaba apoyado por sus familiares y amigos espirituales tan dedicados al bien común.

Los actos obedecen a una ley universal, la ley de Dios. Muchas veces no se comprende el desencadenamiento de acciones y reacciones, sin embargo todo tiene una razón de ser. La misma energía recibirá su resultado en poco tiempo o a lo largo de existencias enteras.

Isaac estaba en el rumbo que, por alguna razón, esta ocasión le convenía y el amor de Dios, el Creador perfecto, a través de amorosos ayudantes encarnados y desencarnados, siempre lo ayudará a buscar una mejor manera de cumplir con su deber, un paso en la evolución.

El libre albedrío es común a todo espíritu, lo que diferenciará el bien del mal son las elecciones en el camino de la vida.

Y la abuela de Isaac, de ahora en adelante, lo acogería en su casa y lo cuidaría como al hijo que una vez no pudo cuidar.

El sentimiento de Allegra.

Sentadita en el primer escalón del balcón de la sala, la dulce, pero triste la pequeña Allegra, de nueve años, apoyaba su barbilla entre sus manos.

Su casa estaba en una ciudad del interior de un país europeo; mucha gente dice que este país tiene forma de bota. Y fue justo en esa bota donde vivió Allegra.

Ella había conocido, desde temprana edad, las dificultades que puede atravesar una familia. No tenía hermanos, por lo tanto, era hija única, pero tenía un perrito, Nico. Sin embargo, no era de una raza definida, más que un amigo, un hermano pequeño de corazón.

Y así, juntos, Allegra y Nico observaban la vida desde el ángulo del balcón.

Permanecían así durante horas, simplemente mirando, sin saber dónde ni qué. Los ojos de la niña querían buscar algo mucho más allá de lo que ven los ojos del cuerpo. A veces brillaban como luces de árboles de Navidad, otras veces se ahogaban en lágrimas de añoranza de algún lugar, de algún tiempo, de algo amado, pero sin, por ahora, poder acceder a ello.

La cabeza de Nico siempre estuvo presentada con el cariño de Allegra. Cuantas veces acarició a ese hermanito... mejor amigo.

– ¡Allegra, ven a darte una ducha! – La llamó su madre. La niña permaneció estática en su mundo, solo Nico alzó las orejas.

Pasaron unos minutos más...

– ¡Ven rápido, hija! Tu padre ya está llegando. Y sabes que le gusta ver todo en orden para la cena – advirtió, una vez más, la voz materna.

Lentamente, Allegra comenzó a moverse, pero primero, una caricia más para su amigo. Los dos regresaron a casa. Ella entró y Nico se tumbó en la alfombra, con la cabeza apoyada en sus patas delanteras, ahora en el balcón de la cocina.

El cielo, en ese momento, tenía unos ojos muy brillantes, un destello de estrellas.

No se sabe si Nico aprendió de la niña; sin embargo, también admiraba el cielo, parecía soñar con el infinito. Quizás imaginó un hueso muy grande y apetitoso, o incluso un perro más sensible y admirable. Su mirada, ah… era de bondad.

Desde lejos, cuando los dos estaban meditando, sentados en el escalón, demostraron un sentimiento precioso, sus corazones puros resonaban.

Nico todavía estaba en la alfombra cuando la madre de la niña anunció la hora de comer. Golpeó el plato dos veces con la cuchara. Era su cena. Se puso de pie, tranquilamente, esperó a que le dieran de comer su pequeño cuenco y luego comió él mismo. El cachorro recibió la comida antes que todos. Quizás fue por la ocurrencia de uno de esos días.

Era un domingo de finales de otoño, las tres personas de la familia ya habían almorzado. Estaban satisfechos – "pero ¿qué pasa con Nico?" – preguntó Allegra. No quedó nada, ni siquiera los restos de pan.

Durante ese tiempo, la familia solo hacía una comida, una época en la que vivían "a duras penas." Pero hoy podrían hacer dos, gracias a Dios.

Nico comió con delicadeza, sin llenarse demasiado la boca y sin tragar toda la comida sin aliento.

Mientras tanto, Allegra salió del pequeño baño con el pijama que había cosido su madre. El cabello estaba peinado y atado. Esto hacía más práctico e higiénico sentarse a la mesa y comer.

El padre acababa de llegar. Abrazó a su esposa y luego a su hija. Saludó a Nico con una frase directa: – "¡Hola, Nico!" – Se sentó, se quitó los zapatos, agradeció al cielo por un día más de trabajo, o mejor dicho, un día más de vida, y luego se dirigió a la ducha.

Allegra puso la mesa para la cena. Había que esperar al padre. Comprobó si Nico había comido – "Sí, lo hizo" – Meneó la cola y se acostó nuevamente en la alfombra. La puerta de la cocina estaba abierta, todavía podía participar del momento, porque después de cenar no estaría hasta la mañana siguiente. Su casita estaba en el porche. Había una pequeña manta, fuera de Allegra cuando era un bebé. La ropa del hermano mayor siempre pasa al menor.

Finalmente, el padre salió del baño. Desde el porche miró al cielo y llegó la hora de comer; se sentaron a la mesa.

– ¿Cómo fue el día? – Preguntó el padre, sirviéndose la comida.

– Todo salió bien – respondió la madre.

– Está bien, padre – y la hija también.

Solo se escuchó el ruido de los cubiertos. Nico los observó.

Allegra comió sin tener mucha hambre, como era costumbre; Era muy pequeña, tal vez una mejor definición sería… frágil.

Unas pocas palabras más y la cena terminó. Allegra y su madre recogieron la mesa y se encargaron de los platos; el padre se sentó frente al televisor a ver las noticias.

Listo. Todo en orden. Cocina ordenada. Ya era hora de cerrar la puerta.

– Buenas noches, Nico. ¡Que duermas bien! ¡Que siempre estés protegido! – Dijo la niña, acariciando la cabeza del perro.

Él respondió con ojos tiernos y amables.

La puerta se cerró y la noche continuó afuera. La luna parecía un foco. También soplaba una brisa fresca.

Es hora de dormir; la niña ya estaba durmiendo la siesta en la sala. Cuando llega el sueño no hay nadie que lo detenga.

- ¡Allegra, vete a la cama! No olvides cepillarte los dientes – aconsejó la madre.

- ¡Buenas noches mamá! ¡Buenas noches papá! – Dijo la hija.

La pequeña fue al baño, se lavó los dientes, orinó, se lavó las manos y se fue a su cuarto chiquito, pero ese era el que tenía en estos momentos.

Ya acostada en su cama sin mucho consuelo, Allegra dijo su oración y pidió a Dios y le dio gracias. A través de la ventana pudo ver la luna, que esa noche estaba brillante y llena.

Cuántos sueños visitaron la mente de la niña, cuántas sensaciones sintió.

De repente, Allegra se quedó dormida. Es en este momento que el alma camina, visita a los amigos, a los hermanos de lejos, a quienes tanto ama; puedes ir a cualquier lugar o país sin tener pasaporte. Es libertad aquí y ahora, es la realidad de soñar. Y así lo entendió la pequeña, o un poco más o menos.

La niña era pequeña en la cama. Su pequeño cuerpo, encogido, tenía la circunferencia de un *hula-hoop*.

Cuando se dio cuenta, Allegra ya estaba en lo alto, observando su casa, luego su calle... su barrio... ciudad... cruzó el mar, sintió la brisa del océano.

Con los brazos abiertos, volitó. Sus ojos eran dos luces permanentes. ¡Cuánta alegría! Cuando se dio cuenta, estaba en otro continente: el americano.

Caminó por los países allí registrados, escuchó la música, reconoció a la gente, sintió el encanto del lugar y siguió.

Tras cruzar el mar de regreso, llegó a otro continente, África. Desde arriba, Allegra observó una vez más las costumbres, la gente, la dificultad y también la riqueza de vivir.

Y ganó un aire nuevo, un cielo nuevo. El cuadro, ahora, era el contorno del continente asiático, las grullas de origami la acompañaron por aquellos aires ancestrales y sorpresas. Los árboles de sakura estaban en flor... y rosados... y blancos... y encantadores.

Quedaban algunas plazas más para la fantástica gira, esas serían para otro momento. Sin embargo, en el camino de regreso, Allegra fue llevada, de manos amigas, a otra dimensión, ya no a continentes ni países terrenales.

Viajaba tan rápido que a veces no sabía si era su pensamiento o un impulso mágico. Simplemente ya estaba en el otro mundo. Lugar diferente; los colores eran más fuertes... vívidos; las flores sonreían, hablaban; los peces, en el lago de agua vibrante, parecían conocerla. Este era solo un lugar, pero más hermoso que el parque más hermoso de la Tierra.

La niña, en compañía de una joven y un chico, por cierto, muy bien vestido, de aspecto confiado y dulce mirada, quedó encantada con el maravilloso y agradable paisaje. Allegra, de la mano de la pareja, realmente observó todo lo que sus ojos podían captar y luego lo almacenó en la memoria de su corazón.

¿Cuántos saludos recibió la niña? Jóvenes, mayores, niños, así como Allegra, todos la saludaban con la mano, con una sonrisa, con el cariño que daba el sentimiento puro que existía en aquel lugar que no era la Tierra.

Sus ojitos nunca habían sentido tanta luz, felicidad, esperanza, ganas de vivir para contarles a los demás la belleza que le había sucedido.

Allegra, en medio de tan emotivo momento, renovó en su alma el recuerdo de su familia; su hogar sencillo, pero feliz; su ciudad pequeña pero hospitalaria; sus pocos amigos del colegio; sin embargo, siguen siendo amigos y... con una pausa y un suspiro, su pequeño gran compañero, su hermanito Nico.

- ¡Como te extraño! – Expresó la niña, muy feliz y satisfecha con su vida ahora.

No podía esperar a regresar a su sencillo y tierno hogar para vivir con la alegría que no había sentido hasta hoy; estaba ansiosa por abrazar a sus amorosos padres, no tanto; sin embargo, preocupada y con mucho amor por su única y amada hija. ¡Cuánto haría la niña!

- ¿¡Vamos a volver!? – Preguntó en tono decidido, la niña frunciendo el ceño.

- ¿Ya lo quieres? – Preguntó el chico que la acompañaba.

- Se concederá permiso para regresar – añadió la acompañante.

Hubo algunas salidas más breves y emocionantes regalos recibidos y Allegra, sin darse cuenta, junto con sus dos acompañantes, ya se acercaba al cielo sobre el país en forma de bota. El techo natural todavía tenía estrellas palpitando, con un fondo misterioso y acogedor. ¡Listo! Allegra estaba de nuevo en su cama.

Tenía un poco de miedo de mover su pequeño cuerpo sobre el incómodo colchón.

- ¡*Dio mio*! ¿Qué me pasó? – Se preguntó en voz baja.

Entonces, tranquila y llena de satisfacción, la niña empezó a recordar, en parte, todo lo que le había pasado, las sonrisas, los saludos recibidos y dados.

- ¡Qué fantástico!

Extasiada, sintió que sus ojos se llenaban de lágrimas y su corazón se encogía un poco. En ese momento comprendió la enorme alegría que ya estaba experimentando sin darse cuenta. Allegra tenía una familia que la amaba; una casita sencilla, pero que la acogía; innumerables oportunidades estaban frente a ella.

Con un corazón profundo y amoroso, levantó los brazos, aun en la cama, y habló con Dios:

– *"Dio"*, te agradezco por mi vida y las tantas maravillas vividas a lo largo del tiempo desde que nací. Agradezco a la madre amorosa y al padre protector; mis amigas y más aun Antonella y Beatrice, mis mejores amigas; mi querido amigo y hermanito Nico...

Allegra no podía dejar de agradecerle, porque todo esto era lo que ya tenía en su vida. Tanta abundancia de seres queridos y acontecimientos felices. El viaje que siguió fue un "regalo" de los angelitos protectores con el permiso de Dios. Estos momentos, de hecho, son despertares a la apreciación de la vida.

Una sensación que el corazón de Allegra nunca antes había sentido, y ahora podía sentirla.

Aquí, con su familia, la pequeña era toda sonrisas. Abrazó a su padre y besó a su madre, incansablemente, en ese nuevo día. Luego, Nico casi pierde el cabello porque Allegra lo acarició y abrazó. Qué radiante estaba ese corazoncito.

De pronto recordó los rostros y los saludos recibidos en el otro lugar, mejor dicho, en la otra dimensión. Y en medio de jugar con sus dos amigas en la hermosa tarde, la niña miró el cielo azul brillante y le habló, sinceramente, a Dios:

– ¡Lo feliz que estoy! Tengo tanta gente aquí a la que amo y me ama y tengo tantas otras allí también. ¡Gracias! ¡Gracias! ¡Gracias! – y se fue tarareando su agradecimiento.

Con esta experiencia, Allegra empezó a sentir la definición misma de su nombre: alegría. Por lo tanto, podía sentir porque sufrió la distancia de una ocasión presente y el contacto con una pasada y se aseguró de los tantos amores que se conquistan en diferentes dimensiones. Pero Allegra todavía es joven y aprenderá mucho.

Y por la noche, al irse a dormir, la pequeña tenía un calambre en la cara. ¿Razón? Mil sonrisas del hermoso recuerdo y mil más de la alegría plena de tu realidad ahora.

Las semillas plantadas darán sus frutos.

En vísperas de su muerte, un hombre revivió su fallecimiento, ebrio de sus recuerdos mayoritariamente agradables y felices. Hacía unos días se despidió en la cama de esta vida, disfrutando, a través de la ventana de su dormitorio, del paisaje con las flores, los pájaros y la naturaleza.

Recostado sobre dos almohadas un poco más altas de lo habitual, Johan - así se llamaba - liberó su mente para visitar sus acciones, abrazar a sus seres queridos, acariciar los rostros de sus nietos y de los hijos que lo conocieron, pues era pediatra jubilado. y había sido un maestro en el arte de comprender a los niños y devolverles la salud cuando se lo permitían, o al menos de promover con amor la luz de la alegría para los días que les quedaban.

Su rostro, al caminar, se fue aclarando y el hombre ganó solo predominio: la satisfacción de servir a los demás. A menudo sirvió a niños sin remuneración; el altruismo fue su mayor atributo y por eso se fusionó apoyo y trabajo. Recordó miradas tan puras que le agradecieron el gesto fraternal y el respeto brindado a los hermanos de posición social y cultural más discreta.

"¡Gracias, señor Johan!"

¡Cuántas veces había oído esta frase al pediatra, maestro de niños, un señor de tanta bondad!

Ahora, más debilitado, los momentos sin visitas o familiares alrededor eran muy raros. Cuando ocurrían, solo el sentimiento feliz recordado tenía proporción en el tiempo y el espacio.

Hasta ahora sus manos habían recibido innumerables momentos de saludo, de besos agradecidos, de abrazos compuestos del cariño más agradecido. Las llamadas telefónicas, a lo largo de su vida de trabajo y experiencia, fueron diarias, en un cálculo muy sencillo, de veinte a treinta... simplemente para el reconocimiento de tan incalculables buenas acciones.

Johan, en medio de la más sublime energía, amigos, familia, amada esposa, al inicio de un jueves – su día favorito –, con incomparable sencillez y tranquilidad, se desprendió de su cuerpo físico y se liberó hacia el infinito, a la conquista de los espíritus.

Fue el llanto de los que quedaron, llanto medido, silencioso, de no poder abrazar más el cuerpo de un alma tan bondadosa, de no convivir más, por ahora, con el dueño de actitudes, ejemplos y palabras tan edificantes y consoladoras.. Allí estaban las cálidas y dulces lágrimas de, por un tiempo, quedarse sin la maravillosa persona... alma... flor bondadosa que aun perfumaba cada mano presentada en el transcurso de la actual existencia.

Johan se fue y fue recibido por sus otros amigos que estaban ansiosos por reunirse con él. Un querido amigo había regresado a su hogar inmortal.

Y en otro hemisferio, tan lejos de donde Johan había ganado sus méritos, dones para su espíritu, estaba José, un hombre, un ermitaño... solitario por el trabajo de sus acciones. En ningún momento había podido tener una actitud más amorosa hacia sí mismo y mucho menos hacia los demás.

En los años que vivió con su familia, siendo aun soltero, se mostró indiferente hacia sus padres. La madre, una señora pobre y sencilla, cuidaba con gran amor a su hijo, quien le correspondía con frialdad en su mirada, en sus gestos, en sus interacciones. Nunca había agradecido los numerosos afectos y bondades que le habían dirigido. Con su padre no fue mejor, de hecho, incluso lo trató con más rudeza, sin siquiera un abrazo en toda su vida... ¡Y cuánto esperó el padre para ser envuelto por brazos filiales!

Y José se graduó, consiguió un trabajo de alto nivel; el joven empezó a ganar un salario considerable. Sin embargo, a lo largo de los meses y años que vivió, no sumó ningún acto benéfico. No había conquistado a ningún amigo, pero de repente encontró a una joven con la que se casó. Dos niñas era el número de hijos que el hombre había recibido como impulso para ablandar su corazón endurecido; ni siquiera estos dos dones eran capaces de eso.

Cumplió con el deber de padre y marido como sostén de la familia y, en realidad, nada le había faltado. Sin embargo, ningún cariño, amor o gesto afectuoso salió de aquel hombre con tanto poder material y social. Finalmente, había ganado la presidencia de una gran empresa en el país donde vivía. En ningún momento había conocido de cerca a ningún empleado, no le interesaba saber ni siquiera el nombre de la secretaria que tanto le asesoraba.

Pasaron los días y las noches y, cada vez, José, con mayor indiferencia, se dirigía al pueblo. No era nada difícil para este hombre deprimir a alguien a su alrededor con sus diversos comentarios sarcásticos o implacables. Y pasaron los años y su familia no podía soportar tanta indignación, desamor, sufrimiento. Así, José quedó solo en aquella mansión construida sobre la frialdad de sus sentimientos. ¡Cuánto beneficio podría haber hecho! ¡A cuántas personas habría podido sustentar con su fortuna! El dinero y el poder quedaron decisivamente en su cosecha terrenal.

En cierto modo, cada persona desafortunada es la que más necesita de todo lo que ha separado de quienes le rodean. Y le llegó la edad al señor José, como le llega a cada alma en la siembra de la Tierra. A una edad muy avanzada, su cuerpo estaba exageradamente debilitado, más aun en comparación con los de su edad. En su frío palacio, el señor estaba solo en su cama. Nadie había venido a visitarlo, solo se veía a los sirvientes en los pasillos; ni un solo pájaro había volado cerca de la ventana de su dormitorio.

Y el mismo jueves que Johan, José también dejó su cuerpo y sus ojos se abrieron a un paisaje gris y lleno de soledad.

Hay un momento en que las almas parten hacia la vida verdadera, donde no se llevan ningún logro material, solo las acciones buenas y meritorias realizadas o la sombra, el bien que aun no se ha desarrollado.

Johan conquistó innumerables amigos leales y cariñosos en esta etapa de su existencia y se reunió con muchos más ya conquistados que lo esperaban en el plano inmaterial.

José, sin ningún logro, regresó al verdadero plano donde ningún amigo lo esperaba.

Pero la bondad divina, al darse cuenta de la pequeñez del hijo carente de armonía, ya en el plano eterno, envió ayuda para su protección. La luz era demasiado fuerte para los ojos grises de la percepción, pero el amor lo acunó en sus brazos y el espíritu, libre de cualquier disfraz, reconoció una vez más su error, su oportunidad desperdiciada. El espíritu lloró profusamente hasta desmayarse.

Después de un tiempo indeterminado, José recuperó algo de energía y se encontró en una cama diferente a la que había dejado en el planeta.

La primera vez que alguien estuvo presente a su lado, preguntó:

- ¿Dónde estoy?

- Estás en un lugar seguro, hermano mío - respondió un hombre.

- Aun con todo lo que hice y todo lo que fui capaz de hacer... ¿todavía recibo ayuda? - Volvió a preguntar.

- Hermano mío, todos somos iguales ante el Padre, todos recibiremos ayuda según las enseñanzas del Maestro Jesús - explicó.

- Gracias... Por favor, ¿cómo te llamas? - Preguntó José.

- Johan, mi hermano. Me quedaré, por ahora, para ayudarte - añadió el hombre.

La continuidad de la vida terrena y espiritual es sinónimo. Nadie pasará de una tensión menor a una mayor si no hay mérito comprobado y renovación del espíritu a través de sus acciones, palabras, sentimientos y pensamientos.

El Maestro tiene las manos extendidas y los brazos abiertos para recibir a sus pequeños con tanta ternura que quieren abrazarlo.

El único visitante para José, al menos por ahora, fue el del querido pediatra terrenal también conocido como Johan.

Una frase, una mirada, una vida

– Tus manos son las más hermosas, mamá.

Estas fueron siempre las palabras utilizadas por el amoroso hijo y compañero. Manos que lo amparaban enormemente.

El niño había cumplido doce años hacía unos días. Se estaba haciendo un niñito, pero sabemos que cada persona tiene un camino que recorrer y una manera de seguirlo.

La madre se dedicó por completo al pequeño Jeremías; no tenía hermanos, por eso el tiempo fue su amigo y siempre más largo. Su padre trabajaba en una empresa de construcción en la pequeña ciudad y llegó por la noche a esta casa tan sencilla y acogedora.

Dejaba sus botas de trabajo sucias en la acera afuera de la casa. Se lavó las manos y los brazos y, ya más limpio, buscó ansiosamente la única entrada a la casa. En la esquina derecha del ambiente hogareño de una sola habitación, su hijo Jeremías estaba en su cama.

Se abrieron sonrisas: de padre a hijo y viceversa. Desde el ángulo que miraba el niño, el brillo de sus ojos se convirtió en un brillante foco de luz.

- ¡Hola hijo mío! ¿Cómo pasaste el día? ¿Esta todo bien contigo? – Preguntó el padre, con cariño, en su sencillez.

Pero, en realidad, la sencillez es puro bálsamo y sabiduría.

El hijo sonrió y sus ojos respondieron con alegría a los de su padre. Los besos quedaron sellados en el rostro, la cabeza, los ojos y las manos del pequeño. Había tanto amor. Y la madre observaba la escena diaria; sin embargo, con mayor emoción cada nuevo día.

Tras el encuentro entre padre e hijo, el marido abrazó ahora a su esposa con admiración. Los tres fueron compañeros en el camino hacia el progreso espiritual.

– ¡Qué bueno estar de vuelta en casa! – Dijo el padre y marido.

Antes de bañarse, fue a hacer algunas reparaciones a la cabaña, siempre con el objetivo de mejorar a la familia que había permanecido allí durante tanto tiempo. También estaba construyendo una pequeña carretilla para llevar a su hijo a pasear, sentir el viento en la cara y recibir aun más luz de vida del Sol. Sin un medio de transporte para su hijo, las caminatas diarias eran casi imposibles.

Mientras tanto, la madre cuidaba a su niño, preparándolo para darle de cenar, una sopa preparada con lo necesario para su cuerpo. Cada cucharada estaba además llena del alimento más beneficioso y saludable: el amor.

Y cuando terminaba la comida, el hijo siempre decía:

– Tus manos son las más hermosas, mamá.

Y esas manos lo limpiaron, lo acariciaron, lo protegieron, lo mantuvieron vivo.

A media tarde del día siguiente, un poco más temprano de lo habitual, llegó el padre. Como siempre después de todos los saludos a su hijo, finalmente terminó el auto para llevar al pequeño al viaje deseado.

El padre y la madre recogieron al amado niño y lo colocaron con cuidado en el cochecito construido para él.

Jeremías, después de ser correctamente colocado y asegurado en el carro de madera tirado por su padre, sintió el brillo de la vida en su rostro tocando su alma.

Para intensa alegría de su hijo, el padre aceleró sus pasos, dando mayor emoción; la madre, de la mano del pequeño, ya corría muy feliz con solo ver su felicidad.

Los tres, esa tarde, fueron el cumplimiento del compromiso adquirido. Espíritus comprometidos unos con otros para un bien mayor: apoyo, madurez, realización del amor.

Y las flores pasaron más rápido, el cielo se movió más rápido y la sonrisa se convirtió en risa feliz. De repente...

– Hijo... – fue el grito de la madre.

Sin darse cuenta, el padre pasó por encima de una roca más prominente y arrojó a su hijo. Jeremías yacía allí sin moverse, ya que su condición no se lo permitía, padecía una grave enfermedad degenerativa y dependía de cuidados todo el tiempo. Cuando nació, los médicos informaron a la pareja que nunca diría una sola palabra, ni expresaría ninguna emoción y no sería mayor que una edad temprana.

Hasta ahora, según sus padres, sentía cada emoción y la mostraba a través de sus ojos, también hablaba, aunque fuera una sola frase, y ya había cumplido doce años.

Padre y madre corrieron, desesperados, para ayudar a su hijo. Con cuidado le dieron la vuelta al niño... y sus ojos brillantes estaban abiertos y sonriendo.

– Querido hijo, mi amor, ¿estás bien? – Preguntó la madre, limpiándolo de la suciedad.

- ¡Dios mío! ¡Mi hijo! ¿Que hice? – El padre, descontento, lo tomó en sus brazos.

Y así se dirigieron a la choza que los esperaba con las puertas abiertas. La madre había preparado el baño tibio y todo lo que Jeremías necesitaba.

El padre había llevado el coche al patio y la madre había preparado una avena fina que tanto le gustaba a su hijo.

Cada cucharada puesta en la boca del pequeño era un amor más comprendido y aumentado. El padre estaba sentado a su lado, recuperándose del susto y amando cada vez más a su querido hijo.

Después de ser aseado y alimentado, en su cama construida por su padre, el hijo, con ojos tranquilos y brillantes, pronunció la única frase que pudo:

– Tus manos son las más hermosas, mamá y… "papá."

La gratitud y el reconocimiento son la base para que el amor se desarrolle y prospere. Y en los ojos de Jeremías se mantuvo el brillo de la vida y la certeza que un compromiso bien ejecutado desafía el desarrollo de la Medicina y prueba que la ley divina es soberana e incomparable, no requiere comentarios y es operativa en los rincones menos probables de la esfera de la vida..

Solo un cono de helado

Ni siquiera era domingo por la tarde, pero la felicidad de la pequeña Tina – reducción de Santina – era como si lo fuera; También parecía un cumpleaños; sin embargo, no era ni lo uno ni lo otro, el día era un miércoles cualquiera.

Después de treinta y un días de hospitalización, Tina fue dada de alta y pudo regresar a casa. Su estado de salud era muy delicado; sin embargo, en ese momento se encontraba, de alguna manera, estable. Tenía exactamente ocho años y cinco meses. Esta vez fue la decimoctava hospitalización que sufría la pequeña y siempre por el mismo motivo.

Su madre, de la mano de su hija, caminaba lentamente para poder seguir el ritmo de sus piernas más pequeñas y también por la debilidad de la niña; finalmente, caminaron por el pasillo del hospital buscando la salida. Hasta llegar a la puerta designada, fueron muchos los saludos, despedidas, besos y abrazos entre la pequeña Tina y el personal de allí, incluyendo desde el asistente general hasta médicos con cursos en el extranjero. La verdadera simplicidad y el sentimiento puro siempre son reconocidos y todos se apegan a seres con estos requisitos. Y quienes la abrazaron, conmovidos, sintieron, en ese momento, la dulce fragilidad, arropados por el coraje de querer vivir; Tina amaba tanto la vida.

Finalmente, madre e hija cruzaron la puerta que conectaba con el mundo común, pues sabemos que el ambiente de un hospital no es muy agradable, aunque el lugar es de gran ayuda, o mejor dicho, imprescindible para restaurar y ayudar a las innumerables personas necesitadas de momento, pero sigue siendo un lugar donde la reflexión se acentúa y el sentimiento adquiere más sed de la vida sencilla y encantadora en casa, ya que los días en casa eran el resultado de una vida más tranquila y, sobre todo, sin hospitalizaciones como fue el caso de Tina.

El cielo era azul y el Sol dorado y cálido. Cuando la pequeña regresó al ambiente de sociedad, de las prisas, compromisos y horarios, vio gente caminando; algunos perros callejeros paseando por las aceras; los carros; el autobús; el ruido característico de la gente en su día a día… de hecho, Tina estaba feliz y su corazoncito se sentía más vivo, quería vivir, a pesar que sus pulmones eran tan sensibles y funcionaban mal, pero se sentía tan feliz.

Se detuvo un momento, de la mano de su madre, para observar los ricos y sorprendentes detalles de ese momento, de esa imagen. Y estaba tan encantada y con tantas ganas de disfrutar cada segundo.

De repente vio, entre las flores de la acera, un colibrí colorido tan lleno de alegría, también vio a niños como ella, con sus padres, tan felices y soltando sus risas infantiles y sencillas. Y cómo Tina quería vivir y cuánta felicidad sentía por haber resistido una nueva hospitalización; esta oportunidad fue un nuevo regalo de Dios.

Y al otro lado, cuando miró, rápidamente notó un quiosco de conos de helado. Sus ojitos brillaron. Ella estaba encantada y tenía muchas ganas de probar este dulce frío, tan popular entre los niños de todos los continentes.

Su madre entendió la mirada de la pequeña, pero antes de negarle el pedido anticipó:

– Hija, sabes que no puedes.

La niña miró con mucha ternura a su madre y luego a la dirección del helado.

– ¡Por favor, hija, tomemos un taxi! – Decidió la madre.

– Mamá, es solo un cono de helado, lo comeré con mucho gusto… – dijo dulcemente la pequeña.

– Querida, sabes lo frágil que eres... ya nos vamos del hospital, querida... – intentó convencerla la madre.

La niña miró el puesto de helados.

– ¡Por favor mamá! Dejo que se derrita en mi boca antes de tragarlo y estará más caliente.

– Amor mío, hemos sido tan cuidadosos estos últimos días...

La madre no pudo mantener su opinión. Miró fijamente a su hija y le dijo:

– Tina, compraremos el helado; mi razón intenta detenerme, pero mi sentimiento me entrega y hace posible esta acción.

– ¡Sí, mamá! Se derretirá bien antes de tragarlo y bajará muy caliente... y seré feliz y el médico me dijo que cuando sentimos felicidad, nuestro cuerpo se vuelve muy fuerte. ¡Gracias mamá! – Los ojos de la pequeña se llenaron de alegría.

Y madre e hija se acercaron al puesto de helados.

– Por favor señor, quisiera un helado de chocolate – la niña miró a su madre y le preguntó con mucha alegría; sus ojitos sonreían.

– ¡Sí, señorita! – Respondió el vendedor, con su propia animación.

– Pero no hace falta que sea mucho helado, solo puedes poner la mitad del tamaño normal – la niña sonrió y miró a su madre.

La pequeña había comprendido que el compromiso con su madre era muy importante, porque si su madre permitía su deseo, era de gran sensibilidad y comprensión que su hija cooperara con una actitud sabia y solidaria.

Y el vendedor le entregó a la pequeña medio helado de chocolate en un cono. La niña se sentía tan feliz de salir de otra hospitalización, que, una vez más, salía del hospital.

En el momento en que Tina cogió el cono, sus ojitos se convirtieron en estrellitas radiantes y todo un bálsamo de bienestar se liberó sobre el cuerpo del niño.

Las dos buscaron, con paso tranquilo, la parada de taxis. Regresarían a casa. Una mano materna llevaría la maleta de ropa y la otra mano estaba en la mano izquierda de su amada hija, mientras en su mano derecha llevaba el delicioso cono de helado.

Tanto logro y amor en ese acto. La niña miró a su madre y dijo:

- ¡Gracias mamá! Era tan importante para mí y también tan delicioso… hmmm…

– Hija mía, pido tanto por tu felicidad… ¡que Dios te proteja siempre!

- Él ya me protege mamá, porque te envió como mi madre, que me cuidas y amas mucho.

Sonrieron cariñosamente y subieron al taxi.

- Eres mi ángel, mi querida princesa – dijo la madre, conmovida.

Y los dos, en el coche, se dirigieron al domicilio que los esperaba. Casi llegando a casa, la hija terminó el helado, tardó un poco, ya que se derritió en su boca antes de tragarlo.

– ¡Qué rico, mamá!

- Sí, querida. Era solo helado.

– No mamá, fue un cono de helado lo que me hizo tan feliz y emocionada.

– ¡Sí, hija! – Asintió la madre, sonriendo y limpió la comisura de la boca manchada de helado.

Lo que a unos les parece poco, a otros les resulta infinito. Al analizar la situación real, hay que buscar también la luz benéfica de la historia para satisfacer siempre al mayor número de corazones.

Y el taxi se detuvo frente al domicilio que los esperaba. El cariñoso perro ya estaba en la puerta, recibiéndolos con mucha euforia.

Había surgido otra oportunidad para la pequeña Tina y su familia.

Una blanca Navidad como el azúcar fino

Si alguien le preguntara a Giovanni cuál era su sueño de lograr, inmediatamente respondería:

– Un bizcocho de forma redonda cubierto de azúcar muy fina.

En medio de las calles estrechas y adoquinadas de un país de la Europa histórica, se encontró el niño Giovanni. Fue hacia un lado y luego hacia el otro extremo de la ciudad. Lustraba perfectamente los zapatos ofrecidos para el trabajo. Y cuando la oferta era escasa, prestaba atención a los zapatos de los transeúntes y conquistaba a sus dueños para realizar la actividad. La familia dependía de sus ingresos.

El frío castigaba un 23 de diciembre de mediados del siglo XX. Había pocos caminantes valientes en aquella época. Algunos buscaban sus pedidos y otros se aventuraban a comprar los últimos costosos y deseados regalos.

La nieve no se dejó intimidar y llenó todos los espacios encontrados. Las tiendas, cuántas luces tenían; las casas, la mayoría con calefacción, mostraban, a través de los cristales, residentes felices y satisfechos con toda la abundancia permitida.

Y con la caja de su trabajo en la espalda, Giovanni también se dirigió hacia su lejano hogar; sin embargo, su hogar. No midió su caminar, sus pasos eran largos y rápidos, su madre lo estaba esperando. Pero pasó por el *Panificio Supremo*, como se llama la panadería, y pidió dos hogazas de pan para llevar.

Las monedas separadas eran exactamente el precio pagado, el resto lo guardaría en su lata. Y de nuevo nieve y frío.

Los ojos del niño no se congelaron, de hecho, estaban vivos y brillantes, al igual que su corazón. En el camino, en lugar de pensar en su dificultad, siguió hablando. Quienes lo observaron podrían incluso pensar que hablaba solo; sin embargo, al otro día respondió a un curioso que le había hecho la pregunta:

– ¿Hablando solo, Giovanni?

– No, señor Paolo, hablo con Jesús. ¡*Arrivederci*!

Y siguió sus pasos. Y estaba muy feliz.

Finalmente llegó a la calle donde vivía. Su casa era la segunda, pequeña, simplemente un lugar para proteger, descansar y abrazar a la madre tan amada por su corazón. Dedicaba muy poco tiempo, pues estudiaba por la mañana y las tardes y primeras horas de la noche las ocupaba el trabajo que realizaba desde los nueve años, que ya sumaban cuatro años de trabajo en su vida.

La cabaña era grisácea porque nunca había sido pintada. Giovanni llegó ahora a la única puerta, que estaba apoyada contra ella, como lo había estado en su ausencia.

Lentamente se abrió. La luz de la lámpara iluminaba mal, pero aun más débil, era luz.

– ¡Mamá, estoy aquí! – Anunció en voz baja.

Se apoyó contra la puerta, mientras el viento le rompía la piel y le congelaba los huesos.

Apoyó la caja de lustrabotas frente a la puerta, obligándola aun más a permanecer cerrada; solo que el pestillo no era tan confiable. Dejó el pequeño paquete de pan sobre la mesa.

Se lavó las manos, oscurecidas por la grasa negra y marrón de su oficio. Se acercó más a su madre.

– ¡Mamá, aquí estoy! ¡Como te extrañé! – Abrazó tanto y tanto el cuerpo de su madre.

- ¡Hijo mío! ¡Mi única alegría!

Los brazos de su hijo la abrazaron con puro amor. Fue la mayor fortuna de esta alma.

Sin muchas fuerzas para hablar o moverse - debido a la repentina muerte del marido y del padre de Giovanni, que la había sacudido de manera incalculable - la mujer se encontró débil e incapaz de recuperar la vida dinámica que tenía tiempo atrás. El niño, todos los días, pedía a su madre en oración, no por su curación como por arte de magia instantánea, sino para que su madre comprendiera la situación, aceptara el progreso y fortaleciera la verdadera fe, que, de hecho, mueve montañas.

- ¿Qué día es hoy, hijo mío? - Preguntó la mujer con voz débil.

- Hoy es 23 de diciembre. Mañana es Nochebuena, mamá - respondió el niño radiante.

- No hay nada que celebrar - respondió secamente la madre.

- Mamá, hay mucho que celebrar. Estamos vivos, oportunidad de progreso. Nos tenemos el uno al otro. También tenemos un lugar para vivir y algo para comer. Y cuanto más nos comprometamos con la vida, más alegría nos recompensará. La vida es un regalo de Dios, mamá - el hijo quedó encantado con el sentimiento grabado en su corazón.

Fue la madre quien, al menos en ese momento, quedó encantada con las palabras pronunciadas por una voz tan joven; sin embargo, el aspecto era viejo.

Y esas palabras tocaron el núcleo materno. Las lágrimas fueron la consecuencia.

- Hijo mío, ni siquiera puedo darte el pastel que tanto te gustaría probar.

- Mamá, antes de probar el pastel que tanto quiero, me gustaría mucho encontrarte con ojos felices y la gratitud de estar viva. Quién sabe, tal vez en Nochebuena… – el niño optó por no completar.

Le dio un beso en la frente a su madre y fue a preparar la cena, tal vez les prepararía un caldo aguado para comer con pan. Y así sucedió.

Había pasado otra noche y el nuevo amanecer se hacía presente.

Temprano en la mañana, el niño salió a trabajar; esos días no habría clases. Así que aprovechó el tiempo para ganarse algo de cambio extra. Y muchos tenían los zapatos más lustrados. El corazón navideño ciertamente ablanda a los más sufrientes. La vibración de sentimientos más amorosos gira más rápidamente y se eleva naturalmente. Como siempre debería suceder.

Y Giovanni lo sabía, pues conservaba el sentimiento completo en el bien y en el amor.

¡El día terminó y qué rápido pasó!

Las monedas se duplicaron en el bolsillo del niño y con más de lo que había ahorrado pudo comprar el pastel redondo cubierto de fina azúcar. Eso es exactamente lo que hizo. Entró a la panadería y con una amplia sonrisa y ojos brillantes preguntó:

– Por favor, quiero comprar este pastel – señaló con un dedo sucio de betún –. Voy a comer con mi madre en Nochebuena – dijo el niño con gran satisfacción.

El pastel fue envuelto y lo pagó con muchas monedas ahorradas este año.

¡Con cuánta alegría aquel pequeño buscaba el camino a casa!

Llegó a la calle donde vivía, se acercó a su casa. Abrió lentamente la puerta y luego se anunció. La madre no respondió.

La lámpara estaba más tenue de lo habitual. Con el pastel en las manos buscó a su madre en la cama. La cama estaba vacía.

Sus ojos aprensivos comenzaron ahora a inundarse de lágrimas de desencantada sorpresa.

Se encontró solo en la sencilla casa, sosteniendo en sus manos su gran deseo. Tantos pensamientos visitaron simultáneamente su corazón y sintió...

– Hijo mío, ¿ya llegaste? – Entró la madre preguntando.

El hijo vio a su madre y suspiró de alegría cuando la vio de pie y llegando a la puerta.

Lentamente colocó el pastel sobre la mesa y notó dos platos, cubiertos y dos vasos también sobre ella. Más adelante vio unas cacerolas sobre la estufa.

La madre, teniendo un poco de dificultad al no tener fuerzas para vivir tanto tiempo, se acercó a su hijo y le dijo:

– Fui a buscar sal a casa del vecino, porque no había suficiente para condimentar nuestra cena, hijo mío – dijo la madre emocionada.

El hijo abrazó a su querida madre como si solo existiera ese tiempo para estar juntos; intensamente amoroso.

– Giovanni, querido hijo, hay momentos en nuestra vida en los que debilitamos, sufrimos y hacemos sufrir; sin embargo, la luz de Jesús siempre brilla, como tú dices. Y hay ángeles para recordarnos esto y estos ángeles no tienen alas, son muy cercanos y viven con nosotros. Gracias mi querido ángel – su madre lo abrazó y lo besó innumerables veces.

Mirando hacia arriba, el niño agradeció profundamente la oportunidad, sin recordar, de guiar a su hijo, debilitado en la fe espiritual, confiando en el pasado y transformado en la madre del presente.

Y los dos se secaron las lágrimas y se sentaron a la mesa para su primera cena de Navidad, revitalizados en la fe. Comieron juntos la comida sencilla y poco variada, pero con el bálsamo más tranquilizador: el amor.

Después de cenar, el niño desenvolvió su regalo, en realidad para su madre.

– Mira, mamá. ¡Toda una tarta! Es para ti.

– No, hijo mío. Es tu deseo.

– No mamá. Hace mucho tiempo papá me dijo que cuando eras niña tenías un gran deseo de poder comprar una tarta como esta... entera y hasta ahora no habías podido. Y hoy, en esta Nochebuena, quiero regalarte este bizcocho redondo cubierto de azúcar fina con el que tanto soñaste. Es para ti mami – dijo el amoroso hijo.

– Mi niño, mi ángel, mi alegría y mi ánimo para vivir. ¡Cuánta alegría me traes! – La madre besó la cabeza de su hijo.

El niño cortó el primer trozo, lo colocó sobre el arrugado plato de aluminio que usaba para las comidas diarias y se lo ofreció a su querida madre.

– ¡Feliz Navidad, mamá!

Y afuera, la nieve caía trayendo la blancura de la paz acorde con el amor dentro del hogar.

Un espíritu acompañando los lazos de la Tierra

El tiempo físico calculado sumó casi cinco años completos desde su partida. El señor Luttemberg, cuya última existencia fue en Viena, Austria, había recibido noticias de su grupo familiar, pero aun no había tenido la oportunidad de visitarlo. Pudo, en algunas ocasiones permitidas, acompañar momentos de su hogar terrenal, de sus seres queridos, esas ocasiones, vistas desde donde estaba el señor Luttemberg, en el plano de erraticidad.

En innumerables ocasiones, este señor que había sido tan respetado por su íntegra conducta y trato amoroso en su última existencia física, características ya alcanzadas por su espíritu, se cuestionó cuánto más podría haber logrado en beneficio de la familia que se desintegraba en el rostro de los atardeceres y los amaneceres.

Y desde donde se encontraba, sin poder colaborar mucho, sentía mucha pena por la situación que vivía la familia, que cada día estaba siendo destrozada por actitudes, palabras y sentimientos tan alejados del camino del bien y del amor..

El señor Luttemberg, triste e insatisfecho, en realidad todavía sufría por el valor excesivo que, especialmente sus hijos, daban al dinero y a las posiciones sociales; todo esto es momentáneo y terrenal. Los hijos pasaban por alto cualquier situación o persona, y cuanto más se ratificaban estas situaciones, mayor era su tristeza. No sabía qué podía hacer.

En el lugar donde se encontraba para su bienestar y equilibrio, comprensión y progreso, cultivaste, con cariño, la más estrecha y ennoblecida amistad entre dos amigos; llevaban más tiempo allí y pudo guiar a algunos compañeros que necesitaban apoyo y fortalecimiento en el campo del bien y del amor.

Y en una de estas conversaciones, él, muy descontento con lo que le habían mostrado de su familia, preguntó y pidió a sus amigos:

– ¿Qué podría hacer yo para ayudar a mis seres queridos que se encuentran en un campo tan arraigado de pasiones, orgullo, adicción...? ¡Por favor, ayúdenme!

– Querido Luttemberg, tengamos una fe renovada y una oración incandescente. Es muy necesario apaciguar, con pensamiento armonioso, los corazones de los hermanos que se encuentran en confusión moral y emocional. Todos hemos vivido fases de enorme desadaptación; sin embargo, son pasos hacia el progreso. Algunos tardarán más y otros sufrirán menos por completar el viaje en menos tiempo también. Toda acción implica una reacción a esta energía y todo se atraerá dependiendo de lo que propague. ¡Cálmate, hermano! Es importante que intentes recuperarte y, de esta manera, te sentirás mejor y podrás ayudarlos más – le explicó Heitor, uno de sus amigos.

– Sí, amigo. Te agradezco las palabras y la vibración fraterna y amorosa que me brindas.

Luttemberg se disculpó y se fue. Necesitaba pensar un poco y también calmar mis ideas.

En un jardín donde las flores son tan hermosas, los pájaros son tan hermosos y esa naturaleza incomparable se comunicaba a través de sonrisas y un lenguaje enteramente amoroso, el caballero se sentó en una de las bancas y comenzó a admirar la riqueza divina de la esfera donde ahora era su morada. Los peces, en el pequeño estanque del jardín, estaban tiernos y la vibración sentida era tan positiva y edificante como todo lo que había en el lugar. Las flores eran incomparables y parecían hablarse muy amistosamente entre sí. La vida emitía un resplandor que los ojos humanos desconocían; en todas partes se encontraba la luz de la paz y el bienestar.

El señor Luttemberg se sintió envuelto por una luz amorosa y tranquilizadora y ambos se sintieron en armonía y felices. Comprendió, con la lucidez de las ideas, que todo ser humano es eterno y perfectible, y su preocupación no ayudaría a ninguna de las partes. Se reequilibró y fortaleció con la oración para sostener a quienes aun se encontraban en el plano terrenal. Oró a su Padre, su amado Maestro, pero siempre pidiendo permiso primero, para que su familia recibiera ayuda e intuición beneficiosa para que, poco a poco, comprendieran y asimilaran el nuevo y verdadero, real camino hacia la felicidad. Se sintió más feliz por tanta alegría y por recibir un regalo más, el bálsamo de la claridad y la comprensión. Miró hacia un lado y a una distancia de aproximadamente tres metros a su derecha, se encontraba una hermosa niña, de unos cinco años.

– Abuelo, pronto me embarcaré en el viaje de otra existencia en la Tierra. Seré responsable de la mejor guía y unidad de nuestra familia - la hermosa niña se acercó y abrazó a su abuelo con tanta dulzura.

A los pocos meses, Luttemberg recibió la noticia que su hija estaba embarazada y tendría una niña como primogénita.

Toda la familia terrena, después de la noticia, comenzó a experimentar, aunque todavía sutil, una transformación beneficiosa en su comportamiento. Y uno de los objetivos a conseguir por la pequeña, espíritu ancestral, sería llevar el amor a los lugares más recónditos y a las criaturas más implacables, empezando por su núcleo familiar.

Su nombre de bautismo sería Amélie, pero sería conocida mundialmente como Sor María Amélia Auxiliadora, la peregrina del amor a los corazones endurecidos y al mismo tiempo necesitados.

El orden divino es exquisito y perfecto. Siempre hay una razón para terminar con la comprensión. Todo está asistido y guiado y la visión está llena de todas sus posibilidades. Lo que siempre dependerá de cada espíritu es su responsabilidad hacia su camino eterno.

El mismo principio rige para todos, pero son las decisiones las que implicarán el camino empinado o el paso más suave.

Es el mismo cielo sobre la llanura; es el mismo sol que brilla por la mañana; es la misma luna iluminando el campo y la ciudad; es la misma vida pulsando en el universo.

Y en su camino, Sor María Amélie Auxiliadora llevará el bálsamo del amor comprendido al mayor número de hermanos.

Una niña en la búsqueda de un mundo mejor

Ya era hora que Abele se fuera a la cama, tenía sueño. Había sido otro día lleno de actividades rutinarias: ballet, clase de inglés, colegio.

Incluso a los nueve años era muy independiente y cumplía con sus deberes. Se lavó los dientes sin que su madre se lo pidiera... increíble; preparó la cama para dormir; bebía agua antes de acostarse, ya que había aprendido en la clase de Ciencias que este hábito era beneficioso para el organismo; dio las buenas noches a sus padres y a su hermano Enrico, cuatro años mayor.

Llevaba pijama y calcetines de franela; la nieve blanda era intermitente. Ya en la habitación, vio esperándola Klaus, su gran compañero.

Se acostó y, mirando por la ventana el suave descenso de los copos, dijo su oración sin mucha demora, pero la suficiente para agradecerle por el día fructífero. Suspiró y dijo:

– Hola Klaus. Espero que tu día haya sido muy bueno... para mí fue un gran día.

Su amigo la miró con ternura y sonrió. Se acercó un poco más a la chica.

Su amistad comenzó hace cuatro años cuando se conocieron por primera vez; ese era el conteo de Abele. Klaus fue quien había venido a encontrarse con la niña.

El joven le contaba lo que había hecho durante el día y siempre informaba de los hechos, preocupándose más por aprender que por transmitir.

- Dondequiera que iba, intentaba dejar más amor para aliviar la tristeza. Llegaría un tiempo en el que el cariño y la paz serán comunes a todos nosotros, querida Abele.

Los ojos de la niña se iluminaron al escuchar a su amigo.

- Klaus, a veces me pregunto cuánto sufrimiento pasan algunas personas... algunos viven más tranquilos, pero otros... ni siquiera puedo entender - se lamentó la pequeña.

El amigo la escuchó con cariño y luego dijo:

- Sí, Abele. Todavía hay mucho dolor... tanto físico como moral... espiritual. Pero en medio del desequilibrio puede que no lo parezca; sin embargo, muchas cosas están mejorando.

- Hoy, en la escuela, la maestra nos preguntó cómo podríamos vivir una vida feliz... No supe responder correctamente, solo dije que para una vida feliz creo que es bueno tener paz y no decir palabrotas ni pelear.... porque cuando peleo con alguien, Klaus, tengo la cabeza pesada, dolor en el estómago y sensación de vacío, pero no es vacío de hambre. Cuando estoy bien con mis amigos y mi familia... me siento ligero y feliz - explicó Abele.

- Así es, la armonía entre las criaturas surge cuando el respeto está presente y estas son características del amor. Cuanto más cariño le des al mundo, más cariñoso se volverá... así ocurre con cualquier sentimiento... lo que damos, también lo recibiremos - comenzó a hablar Klaus.

- La maestra nos pidió que le preguntáramos a nuestra familia cómo podemos vivir una vida más feliz. Mamá y papá ya respondieron, y me gustaría que me respondieras... tienes una forma de hablar que me da bienestar y paz. ¿Puedes contestar? - Preguntó la niña.

Klaus le sonrió dulcemente a la niña. Estaba sentado muy cerca de Abele.

– Puedo responder que sí. Todos somos hijos de Dios, por tanto, somos hermanos. Lo que deseamos bien, a nuestro hermano también le gustaría recibirlo. Es muy agradable ser tratado con amor, respeto, cariño, honestidad y ternura. Algo también muy importante es cuidar nuestros sentimientos, nuestra actitud y nuestras palabras. Si plantamos una florecita de todos modos, sin cuidados, difícilmente nacerá, y si nace, será débil y pronto morirá, pero si la cuidamos con mucha consideración y compromiso, será una flor fuerte y hermosa – hizo una pausa –. Si coges una pelota pequeña y la lanzas contra la pared, rebotará con la misma fuerza con la que fue lanzada. Todo funciona en base a una ley llamada acción y reacción. Entonces, para vivir felizmente, querida Abele, hay que poner en práctica lo que deseas recibir – comenzó a explicar el joven amigo.

La niña, acostada de lado, escuchaba atentamente las palabras del joven.

Él continuó:

– Por eso hay tantas cosas sencillas que nos ayudan mucho y que podemos hacer, como la oración diaria, el respeto a la vida, el cultivo del buen pensamiento y de las buenas palabras, dar a los demás lo que queremos para nosotros, preservar la naturaleza, protegernos. de los animales, paciencia con quienes más lo necesitan y menos lo conocen y consideración con quienes piensan diferente. Todos lograremos avances, pero cada uno en su tiempo determinado. Y es tan precioso recordar que Dios, nuestro Padre, siempre sabe todo de sus hijos y siempre los amará con el mismo amor... y, mi querida Abele, amar más es siempre la receta de la felicidad. Si ponemos en práctica buenas acciones, palabras y buenos sentimientos, todo lo que nos rodea será bendecido con energía beneficiosa y, así, seremos felices y contribuiremos a la realización de un mundo mejor – pareció concluir el joven amigo.

– Tantas enseñanzas, Klaus... y sin olvidar que Jesús es nuestro amable amigo y hermano – dijo la niña.

– Sí, Abele, Jesús es nuestra hermosa luz en la vida.

Los ojos de la pequeña comenzaron a cerrarse, el sueño llegaba y el ambiente, en aquel hogar, era tan amigable, porque esa familia ya estaba haciendo mucho por un mundo mejor.

– Buenas noches, Klaus. Hasta mañana. Que tengas hermosos sueños – dijo Abele, casi dormida.

- Buenas noches, mi querida. Que tu sueño y tus sueños sean hermosos y protegidos. Que asimiles todas las enseñanzas y seas cada vez más esa pequeña estrella brillante de la mañana – deseó el joven amigo.

Klaus cariñosamente puso su mano sobre la cabeza de Abele y se alejó suavemente hasta que desapareció para luego, en otro hogar, apoyar a otros hermanitos para que también se convirtieran en pequeñas estrellas que contribuirán al surgimiento del planeta.

Muchos llaman a estos amigos ángeles guardianes, otros los llaman espíritus protectores, todavía se les llama imaginarios, pero en realidad existen y pueden entenderse mejor como hermanos emancipados por el amor y grandes trabajadores de la mies de Jesús.

La pequeñita que aprendió a compartir

Vino de muy lejos, no sabía de dónde. Algunas personas, durante el largo viaje, le dieron algo de comer y agua para beber. Y se instaló en una calle tranquila con casas grandes y muy hermosas. Era casi de noche cuando llegó. Se acurrucó en la acera frente a una extraordinaria casa blanca con un hermoso y bien cuidado jardín. Estaba muy acurrucada frente al pequeño portón, al lado de la entrada del garaje.

Sus ojos, un poco desesperanzados y solitarios - porque quien la había adoptado simplemente ya no la quería y la había dejado en la calle - suplicaba, entre lágrimas, un poco de atención; necesitaba muchísimo comida y cariño. De repente, un pequeño perro de pedigrí de la lujosa casa blanca notó la presencia de aquel sencillo y grande perro callejero y, sin perder tiempo, anunció la extraña presencia con un irritante y persistente ladrido. Uno de sus dueños se acercó para ver qué era, observó a la pobre perra afuera, pero ni siquiera se preocupó por ella. Recogió a su pequeña raza con tanto amor y cariño y le cerró la puerta en la cara a la pobre cachorrita abandonada.

Esa noche fue muy fría, pero finalmente los rayos del Sol comenzaron a aparecer para calentar al animalito desamparado que había pasado la noche al aire libre, frío y húmedo.

Miró hacia la puerta, esperando que alguien la abriera y le ofreciera algo... un poco de agua, una manta y algo de comida, pero lo único que pasó fue el ladrido del perro residente. Y los amables ojos del chucho se encontraron con los del pequeño con pedigrí.

Una vez más, el dueño la llamó y cerró la puerta sin siquiera querer notar a la dulce criatura en la acera.

El pequeño residente, muy curioso, insistió en observar al otro perro afuera. Por tercera vez corrió hacia el frente de la casa, pero sin ladrar, pues entendió que si no armaba escándalo podría quedarse más tiempo para conocer mejor al visitante de la hora. Y los dos, con un poco de extrañeza por parte del de pedigrí, empezaron a olerse a través de los huecos de los barrotes. La cachorrita abandonada tenía pura bondad en sus ojos. Así que pronto el pedigrí volvió a entrar, tenía hambre y se fue a su pequeño cuenco siempre con comida buena y fresca.

Nadie, hasta ese momento, le había ofrecido nada a la dulce criatura en la acera; al menos el Sol la calentaba.

Durante la comida del pequeño con pedigrí sucedió algo muy especial. Ella, al parecer, solo con el instinto de saciar su hambre, se sintió tocada por el pobrecito de afuera. Dejó de comer, bebió un poco de agua y corrió a ver si el otro perro seguía en la acera. Después de descubrirlo, ella corrió hacia su cuenco y, con cuidado, lo arrastró por la boca hacia el hueco de la barandilla donde estaba la cachorrita abandonada. Luego corrió a buscar el otro cuenco de agua que, a pesar de tener cuidado, llegó casi sin nada. Pero, desgraciadamente, los cuencos eran más grandes que el espacio entre una plancha y otra. Los ojos del cachorro abandonado bajaron: "¿Qué será de mí?", parecía ser su pensamiento. Sin embargo, la pequeña del pedigrí no se rindió y sus ojitos se volvieron aun más brillantes, tuvo una idea.

Miró al gran chucho directamente a los ojos y, decidida, tomó un pequeño grano de comida y se acercó al hueco para dárselo a la boca del amable perro de la acera. Y así, muchos granos alimentaron al visitante, con consideración y cariño. Fue muy conmovedor ver la delicadeza con la que uno donaba y el otro recibía, al igual que sucedió con el dueño quien, desde el interior de la habitación a través de la esquina de la ventana, observaba toda la amorosa actitud.

Después de comer, tuvo sed, pero el pequeño que estaba dentro no tenía idea de cómo darle agua. Una sombra muy grande apareció sobre los dos, era el dueño del más pequeño. La perrita de afuera bajó la cabeza, tenía miedo de lo que le pudiera pasar. La que tenía pedigrí meneó la cola y sonrió con los ojos cuando lo vio.

El hombre abrió tranquilamente el portón y su pequeño se quedó adentro y el chucho, aprensivo, escuchó las siguientes palabras:

– ¡No más sufrimiento! Ven, querida, entra en el hogar que, a partir de ahora, también será tuyo.

La perrita más grande, todavía un poco asustada, entró lentamente, temerosa, bebió el último trago de agua del cuenco, recibió una palmadita en la cabeza de su nuevo dueño y, junto a la pequeña de ladrido insistente e irritante, caminó hacia su nueva vida.

Habrá infelicidad y decepciones, pero siempre existirá el amor para sanar el dolor de un corazón.

El arte más sublime: amar en este momento.

Había dos hermanos: Ian y Jasmín. El joven había cumplido quince años y su bella y cariñosa hermana ocho. Vivían en un barrio corriente, en una ciudad sin grandes industrias ni desarrollo. Sería una ciudad como tantas otras, si no fuera por el encanto de una pequeña ciudadana, hermana, ternura y amor, precisamente, en persona.

En la casa vivían los dos hermanos, padre y madre, una graciosa cacatúa llamada Bela y un perro conocido como "Vuelo Rasante" - este apodo se lo puso Jasmín, porque cuando Bob, su nombre de pila, veía un pájaro o una paloma, bajaba su cuerpo, se arrastró y, sin ser notado, avanzó rápidamente contra sus pobres hermanos de la naturaleza -; pero aprendía. Y así, después de observarlo y encontrarle gracia, la hermosa niña lo rebautizó como "Vuelo Rasante." Sin embargo, a Jasmín no le hizo ninguna gracia cuando Bob cogió un pájaro y... ¡pobrecita! La niña entonces le explicó al perro que eso no era lo correcto, también le gritó y él encogió tanto las orejas que parecía estar en una guarida. Unos hermanos enseñando a otros... así es la vida.

Jasmín también informó de este suceso a su hermano Ian, como siempre hacía en otras ocasiones.

Desde pequeña sus ojitos brillaban con el más puro de los sentimientos al ver a Ian, su querido hermano. Y a medida que pasaba el tiempo, este amor se hacía más fuerte con cada nuevo amanecer, con cada nuevo atardecer. La madre, en ciertos casos, necesitaba interceder, ya que los abrazos de Jasmín a Ian eran tan fuertes y largos que su hermano sentía que se estaba quedando sin aire.

Y entonces la madre corría a desatar a la niña de su hermano. Quería abrazarlo con tanta fuerza hasta el punto de, en un sentido connotativo, colocarlo en su corazón.

A medida que Jasmín creció, comprendió mejor la situación de su familia, especialmente la de su hermano. Nació con un tipo muy raro de parálisis y desde su nacimiento permaneció en cama, casi inmóvil; sin embargo, tenía una aparente comprensión de lo que estaba pasando, conocía perfectamente a su familia y, a través de sus ojos, mostraba su emoción. Pero la hermana afirmó que la comprendía completamente y que él todavía lo demostraba de otras maneras.

– Jasmín, querida hija, vas a asfixiar a tu hermano – dijo la madre preocupada.

- No mamá. A Ian le gustan los abrazos fuertes, ¿no, hermano? – La niña pidió pruebas.

Jasmín preguntó, habló y respondió por él, pues ya conocía a su amado compañero. Con el paso de los años, ella lo entendió y lo amó más. Y en las edades en cuestión, ocho y quince años, se daba la mejor relación fraternal que se podía presenciar.

Todas las cosas nuevas que sabía Jasmín, las compartió con Ian. Uno de los casos fue el de una pequeña pandereta que trajo un familiar de un vecino. Cuando la amiga se lo mostró a la niña, ella inmediatamente pidió llevárselo a su querido hermano.

– Ian… Ian… Mira lo que traje para que veas… una pandereta… hace ruido… escucha… – Jasmín, un poco descoordinada, golpeó el instrumento varias veces.

El pequeño, en cierto modo, se sobresaltó, comprobado por el parpadeo de sus ojos, pero de repente, la comisura derecha de su boca se estiró levemente.

– ¡Sabía que te gustaría! – Dijo la hermana muy feliz.

Jasmín identificó cada movimiento facial que hacía su hermano.

Entonces no se conformó con solo mostrar el objeto, lo llevó para que su hermano lo tocara, sintiera la textura, la temperatura.

Tomó suavemente la mano de su hermano para sentir la pandereta, le explicó cada parte, como alguien se la había explicado, y, finalmente, suavemente, los dedos de Ian golpearon el instrumento, reverberando un interesante sonido que el pequeño sonrió de la forma que solo él conocía. Jasmín lo reconoció.

La madre, al oír el ruido, corrió a la habitación de sus hermanos y, nerviosa, preguntó:

– Hija, ¿qué estás haciendo?

– Traje la pandereta para que Ian la viera – respondió la niña con toda gracia y felicidad.

– Cariño, déjame explicarte una vez más... Ian no percibe las cosas como nosotros... tiene limitaciones y, a veces, esa euforia y los acontecimientos pueden molestarlo, ¿entiendes? – Preguntó la madre, explicando.

– Está bien, mamá... lo entiendo – asintió Jasmín y respondió rápidamente.

La niña sabía que su hermano la entendía más que a nada y ella lo conocía más que nadie. Ella solo asintió para no tener que volver a escuchar el discurso de su madre, porque como Jasmín le aportaba tantas cosas nuevas a su hermano, los discursos de su madre eran algo común.

– Dejé la sartén en el fuego... ¡cuida a tu hermano! – Pidió la madre y se dirigió a la cocina.

– Está bien, mamá – respondió la niña y le dedicó a Ian una enorme sonrisa.

Y, de hecho, las sonrisas en las comisuras de la boca del pequeño solo aparecían cuando estaban solo hermano y hermana: complicidad en la vida.

La niña se quitó las pantuflas y luego se metió en la cama de su hermano; era una cama reforzada con barrotes, una cuna grande.

Sin moverse ni decir una palabra, pero Jasmín sabía que su hermano estaba feliz, de hecho, sabía que a él le encantaba cuando ella le traía cosas nuevas, le contaba historias, los hechos y describió alguna imagen más allá de las paredes de la habitación.

Y de manera tan particular, la hermana acarició el rostro de su hermano y se recostó a su lado sosteniendo, con mayor ternura, una de sus manos. Fueron necesarias decenas de minutos para formar la primera hora, luego vinieron las otras que tanto apreciaban y amaban los dos seres fraternos.

Esa misma tarde, acostada junto a su hermano, Jasmín sintió la necesidad de contarle el momento en que fue a la playa por primera vez.

La tía María, la hermana menor de su madre, la había llevado a ver el mar en sus últimas vacaciones. De hecho, la niña disfrutó mucho, pero todos los días, en partes de los días, durante todo el viaje, la niña pensaba en su querido hermano y en cómo se sentiría él en tan maravilloso lugar.

Si Ian no pudiera ir a la playa, el mar y su belleza llegarían a él a través de las palabras, la imaginación y el amor de Jasmín.

Y hermano y hermana, acostados juntos, participando del mismo momento, naturalmente, la narración empezó a surgir.

Jasmín, sosteniendo una de las manos fraternales, comenzó una vez más una de las muchas historias para Ian.

– El primer día que vi el mar… era hermoso, Ian. Antes de pisar la arena… hmm, era muy suave, parecía una enorme cantidad – abrió los brazos – de la leche en polvo que bebes y hasta el color era parecido. Luego hundí mi pie en esta inmensa cantidad de arena - ella siempre miraba a los ojos de su hermano y esos ojos estaban tranquilos –. Cuando vi tanta agua, corrí hasta el borde y sentí el agua mojando mis pies… ya sabes cuando mamá te baña y te moja los pies primero, así, así sin más. Pero el agua estaba salada, me gusta la sal que mamá le pone a la papilla... y tiene ese sabor delicioso... ¿y sabes que mamá siempre me da un poquito de tu comida...? ¡Es deliciosa! – Los ojos de la niña sonrieron. La madre entró en la habitación para comprobar si todo estaba bien.

- Hija, ¿estás otra vez en la cama de tu hermano? – Preguntó la madre.

- ¡Si mamá! Ian siempre me pide que le cuente lo que pasa afuera – su hija respondió con mucha sencillez.

- Jasmín, sabes que es malo mentir – dijo la madre, un poco severa.

- ¡No te miento, mamá!

- ¡Tu hermano no habla, lo sabes!

- Ah, pero entiendo todo lo que me dice con su mirada, su forma... Conozco muy bien a Ian, mamá. Él es mi hermano – Jasmín junto a Ian, habló con confianza.

- ¡Está bien, hija! Pero no lo asfixies, sabes que necesita permanecer exactamente en esta pendiente – dijo la madre, con cuidado.

- ¡Lo sé, mamá! Puedes irte y nos entendemos muy bien, ¿verdad, mi guapo hermano? – Dijo la niña.

- ¡Todo bien! Pero ten cuidado, ¿eh? – Reforzó la madre.

- No te preocupes mami... adiós, adiós – dijo la niña.

Y la madre fue testigo, una vez más, de ese especial amor fraterno y salió a la cocina.

- Entonces, Ian... mamá nos interrumpió... pero seguiré... y el Sol está muy cálido, como cuando mamá se seca el cabello con el secador y sale ese viento cálido – hizo una pausa –. Jugué mucho en el agua y en la arena. Entonces la tía María me compró un helado... frío como el cubito de hielo que te traje la semana pasada. Hmm... fue realmente genial allí – y los ojos de la niña se llenaron de lágrimas –. Pero no estabas, Ian – y surgió un sollozo bajo –. Ojalá hubieras ido conmigo, que pudieras jugar, comer helado, jugar en el mar, salir a caminar, caminar sobre la arena... – y la hermana no pudo contenerse y lloró, sintiendo tanto amor para su querido hermano.

Y Jasmín lo abrazó tan encantadoramente y le dijo cuánto lo amaba y lo guapo que era... guapo... inteligente... cariñoso y tantas cualidades más. Los ojos del hermano también se llenaron de lágrimas llenas de ternura, pero sin sonido de palabras, aunque el amor no necesita palabras, pues ya es el sentimiento más grande.

Así, los hermanos estaban juntos afectuosamente, y no necesitaban nada más... simplemente estar juntos era felicidad para ambos.

La noche comenzaba a llegar; entonces, Jasmín besó la frente de su hermano y fue al baño; papá llegaría pronto a casa y ella necesitaba estar limpia.

Los tres cenaron y compartieron el momento. Ian siempre era el primero en alimentarse, por lo que ya estaba bien alimentado en su cama.

Jasmín ayudó a su madre a lavar los platos; su padre fue a pasar un rato en la habitación con su hijo. Y otro día terminó.

Y nació un nuevo amanecer.

La madre quedó sorprendida por el silencio en la casa; Jasmín siempre tuvo mucha energía... ¡y ahora todo estaba tan tranquilo!

– Jasmín podría estar acostada junto a Ian – pensó la madre en voz alta.

Llegó a la habitación donde dormían sus hijos. Ian ya tenía los ojos abiertos. La hija yacía en su cama.

– ¡Que raro! ¡Jasmín aun no se ha despertado! – Pensó la madre en voz alta una vez más.

Pronto, la madre fue a cuidar a su hijo. Lo limpió y le cambió de ropa. La madre quedó muy sorprendida y fue a llamar al pequeño.

– ¡Hija, despierta, querida! ¡Ian ya está despierto! – Dijo la madre con cariño.

La niña no se movió y estaba muy tranquila.

– ¡Jasmín! ¡Hija! – La madre comenzó a desesperarse –. ¡Hija, despierta! Jasmín…

Y la hija ya no pudo responder. Ella, como un pajarito diminuto, sin energía terrenal, ya no pertenecía a esta dimensión… se alejó volando ligera para continuar su progreso. Ahora se podía ver a Jasmín entre las estrellas sonriendo con la sonrisa más hermosa como las que le sonrió a Ian, su amado hermano.

La madre abrazó su frágil cuerpo y le dijo cuánto la amaba y cuánto era una hija tan querida y una hermana tan amorosa… y era demasiado niña para dejarla.

El padre, al oír el llanto, corrió a la habitación y, al presenciar la escena, lloró como un niño acunado en brazos de su madre. Los padres se abrazaron con su hija entre ellos.

Aquella habitación había sido escenario de tanto amor, fraternidad, ternura, comprensión y ahora, en un momento inmensamente delicado: la separación de un ser tan querido, un hijo.

Y como siempre decía Jasmín, – "Ian entiende todo" – el joven estaba casi inmóvil en su cama, pero con los ojos llenos de las más eternas lágrimas por haber sido sumamente amado por un niño con un espíritu tan noble y solidario.

La niña le enseñó a su hermano a mirar por la ventana y apreciar las estrellas en lo alto del cielo; quién sabe, ya anticipó su partida y dejó para su hermano el brillo más eterno: el de las estrellas. De hecho, fue una de ellas.

Jasmín aprendió rápidamente que el amor hay que demostrarlo hoy, porque no hay noticias del mañana… solo de vivir. Por eso amaba tanto a su hermano Ian.

Y la luz se hizo más fuerte ante la partida de un ángel.

Ventanas que se abren en Nochebuena

Las decoraciones navideñas eran de muy buen gusto. La casa estaba bellamente decorada tanto por dentro como por fuera. La familia tendría invitados a cenar, así que había mucho trabajo por hacer.

En la exquisita residencia vivía Edgard, padre y esposo; Haydée, madre y esposa; Frederico, hijo de once años, e innumerables empleados para mantener siempre, en perfectas condiciones, el impecable orden y limpieza de la lujosa mansión.

Era una familia feliz, cuyo respeto siempre estuvo presente, además del amor y la preocupación por el buen comportamiento y la adquisición de cultura. La religión también estuvo operativa en ese núcleo familiar.

La ama de llaves Luisa había visto nacer a Frederico y le tenía un gran cariño. Aunque también sentía una gran simpatía por la señora, una mujer con una gran educación en todos los aspectos, el niño sentía un cariño admirable por la cocinera, Laurin, y su marido, el chófer, Ludovic. La pareja no había tenido hijos, quizás por motivos ocultos o simplemente por elección propia. Se conocieron en la casa donde aun hoy trabajan y, al poco tiempo, iniciaron una vida en común como pareja. La pareja había cumplido recientemente tres décadas y media de matrimonio, como comenzaron cuando los jefes todavía eran los padres de Edgard.

Y en vísperas de esta Navidad, habría comida muy rica y sofisticada hecha por las manos de Laurin y acompañada de todo su amor, ya que la cocina era un arte querido por la mujer.

Todo estaba listo y, debido a la estación muy fría y nevada, al final de la tarde ya era de noche.

La familia estaba lista. Los tres estaban muy bien vestidos y peinados, nobles anfitriones. Todos los empleados vestían uniformes formales y tenían una sonrisa amistosa en sus rostros.

Los primeros invitados comenzaron a llegar y fueron recibidos con gran alegría y consideración. Incluso habían contratado a un joven pianista para tocar villancicos. La verdad es que todo fue maravilloso e impecable.

Para los niños hubo muchos regalos, juegos y animadores; sin embargo, la diversión fue un poco contenida, sin gritos ni carreras por los espacios decorados. Todos los invitados aprovecharon la muy fructífera oportunidad que ofrecía el momento, ya que la familia anfitriona tenía una posición social influyente durante generaciones.

El personal, siempre muy amable y atento, servía de primera mano exquisitos manjares, acompañados de costosas bebidas, todo ello procedente de la misma región más al sur de Europa.

La casa estaba llena y el amor también estaba muy presente.

Frederico, al igual que sus padres, fue un anfitrión muy amable; el ejemplo es la mejor enseñanza. Se aseguraron que los niños se estuvieran divirtiendo y realmente lo estaban.

A través de los cristales en forma de pequeños cuadrados se podía ver la nieve caer y dejar el campo en paz, muy blanco. Las luces de las farolas y de las casas estaban encendidas y significaban vida palpitando en cada lugar.

Justo cuando se anunció que se serviría la cena, sonó el timbre.

– Debe haber algún huésped retrasado debido a un imprevisto. Por favor, señora Luisa, abra la puerta – pidió Edgard.

– Sí, señor – respondió el ama de llaves. Elegantemente, la señora Luisa se acercó y abrió la puerta. Ella ya recibió al potencial invitado con una sonrisa; era el guardia de la calle el que avisó que el coche de un posible huésped tenía las luces encendidas. Pronto todo se resolvió y comenzó la cena.

La comida era muy variada, sabrosa y extremadamente sofisticada. Cualquiera que quisiera podía servirse él mismo o podía ser atendido por uno de los empleados que estaban en espera. De hecho, la ocasión era perfecta.

Una vez más sonó el timbre. La gente ni siquiera se dio cuenta, o incluso no les importó, debería haber sido el guardia otra vez para avisar. Solo el ama de llaves fue a contestar. Lo abrió y, esta vez, no era la misma persona que la anterior.

– Buenas noches, ¿qué quieres?

– Buena noche señora. Llevo mucho tiempo intentando entregar una carta a este lugar... una carta escrita hace muchos, muchos años – respondió el hombre, de aproximadamente setenta años.

La señora Luisa lo observó y, antes que nadie se diera cuenta, le pidió que rodeara la casa y llegara a la puerta trasera. Él aceptó y lo siguió discretamente.

El ama de llaves informó a algunos empleados que estaría en la cocina para resolver el inesperado situación. En la cocina, Laurin se aseguraba que no faltara comida durante la cena y Ludovic estaba sentado en la esquina de la mesa, haciéndole compañía a su esposa; la pareja ya había cenado antes.

Luego, la señora Luisa dio la bienvenida al hombre desconocido por la puerta trasera.

Cuando los ojos del hombre se encontraron con los de Laurin, fue como si algo completamente impensable estuviera sucediendo en ese momento. El cocinero incluso se alejó un poco.

- ¡No puede ser! – Exclamó Laurin.

- ¿Qué está pasando? – Preguntó el ama de llaves para intentar entender.

- No, nada, señora Luisa - intentó apaciguar Ludovic, pues conocía toda la historia, aunque no la había vivido; sin embargo, conocía a Ernest, el antiguo conductor de la familia, que estaba delante de él.

- Pero te sorprendiste... El ama de llaves no terminó y pronto se fue, pues había escuchado el suave timbre del comedor solicitando su presencia.

- Ernesto, ¿qué haces aquí? – preguntó Laurin, casi aterrorizado.

- Durante muchos años busqué esta dirección y finalmente logré encontrarla, ya que había muchas dificultades. La casa sigue siendo propiedad de la misma familia, o mejor dicho, de sus descendientes - dijo el hombre.

- ¿Qué quieres hacer? Ha pasado todo este tiempo... – con los ojos llorosos, habló la señora cocinera.

- Solo quiero entregar la carta de mi antiguo jefe, el señor Edgard, padre. Me dejó esta tarea a mí; honestamente necesitaba hacerlo – hizo una pausa -. La escribió poco antes de morir, creo que quería aclarar algunas situaciones. Y también cuando se comparte suele haber alivio – concluyó Ernest.

- Ha pasado tanto tiempo... ¿y justo en Nochebuena? – Preguntó Laurin llorando.

- No hay forma de evitarlo... Solo me gustaría entregar la carta...

- ¿Y destruir toda una historia familiar? – Ludovic, severo, preguntó.

En ese momento, cuando la discusión, aunque todavía reprimida, comenzaba a hacerse más ruidosa, la señora Luisa regresó a la cocina, observó el acontecimiento e inmediatamente preguntó:

- ¿Qué está sucediendo aquí? ¿Me puedes explicar?

Los primeros momentos fueron completamente silenciosos. Los ojos estaban asustados y llorosos por tal emoción resucitada.

– Por favor, quiero una explicación – insistió el ama de llaves.

– Señora, vine aquí para entregarle una carta que tengo conmigo desde hace mucho tiempo.

– ¿Carta de quién a quién, señor? – Volvió a preguntar.

- Del señor Edgard, padre, al señor Edgard, hijo – respondió Ernest.

- Y tengo entendido que se conocen - dijo el ama de llaves.

– Sí, Ernest y yo nos conocemos, señora Luisa – respondió Laurin.

– Por favor, solo me falta dárselo al señor Edgard, hijo, y me iré pronto – dijo el señor Ernest.

- Como ya habrás podido comprobar, esta noche es Nochebuena y hay una cena con familiares y muchos amigos. Por favor comprenda… puedo entregárselo más tarde – dijo cordialmente la señora Luisa.

El señor Ernest y la pareja se miraron y entonces el visitante inesperado sugirió:

– Señora, por tanto, nada me asegura que la carta vaya a llegar a manos del interesado… por lo tanto, me gustaría que la leyera en voz alta para asegurar que otras personas conozcan su contenido.

– Sí. Entonces, después de leer, puedes comer algo aquí en la cocina y seguir con tu vida; puede ser así? – Quiso asegurarse el ama de llaves.

- Sí, señora. Muchas gracias – respondió.

La señora Luisa tomó el sobre amarillo y sacó la carta del mismo color. Lo abrió con cuidado para no romperlo.

Atentamente, el ama de llaves empezó a leer:

"Soy Edgard Thompson.

Escribo unas palabras para expresar tan inmenso sentimiento que invade mi alma. Recibí un hijo como un regalo maravilloso enviado por Dios. Él es solo de mi sangre, y no de la de mi esposa, pero ella lo tomó como hijo y lo ama con locura. Él conoce la historia que me pasó y por amor me perdonó y yo, eternamente agradecido, tendría una decisión decidida y amando vivir al máximo con mi familia, si no fuera por esta enfermedad incurable que me había afectado.

Estoy seguro que en unos días ya no estaré entre aquellos que tanto quiero, sino, en otro plano, para continuar el viaje. Mi amada esposa, que no pudo tener hijos, sabe que su madre biológica es Laurin, una mujer sencilla, y para no perder el vínculo la contrató como cocinera para que ella también pudiera ser atendida. Hubo comprensión por todas partes y, a partir de eso, tenemos un secreto guardado.

No se sabe qué caminos habrá en el camino de la vida, solo las opciones que se abrirán hacia el cielo azul o hacia un cielo más gris.

Y algo es aun más exacto: un corazón debe tener fe y mucho amor. Los errores existirán hasta el momento en que el discernimiento y la voluntad sean decisivos.

Cierro esta carta diciendo que, aunque cometí muchos errores, amo y amaré por siempre a mi único hijo, a mi esposa y a Laurin, quienes con tanta sencillez y ternura también ganaron mi corazón para el momento necesario para concebir un niño, mi profundo deseo.

Reconozco perfectamente mi acto inapropiado... irresponsable; sin embargo, hay cosas que sucederán de todos modos, como deben ser.

Hasta siempre,

Edgard Thompson."

Luego de la lectura de la carta, las personas en la cocina que participaron en el evento quedaron perplejas y, al mismo tiempo, con más ligereza y armonía, porque después de muchos años, el fiel chofer del señor Edgard, su padre, había cumplido su promesa, hecho, en el lecho de muerte de su jefe.

Se presenció otra mirada de perplejidad, desde la esquina de la puerta. Edgard, como el ama de llaves estaba ausente del comedor, buscó algo en la cocina cuando, aun al inicio de la lectura, pudo entender la explicación.

Lágrimas muy emotivas brotaron de sus ojos y todos notaron a su jefe en ese momento. De hecho, el miedo y el malestar le quitaron la energía de la fe para superar la inseguridad.

Y sin esperar, Frederico entró a la cocina y, sin conocer aun la verdadera situación, pero por puro amor, se acurrucó en los brazos de Laurin como siempre lo hacía.

Lágrimas de amor y luz fluyeron junto con la nueva y maravillosa energía beneficiosa.

Para el espíritu, la eternidad es su tiempo determinante. Ya se ha experimentado mucho y seguirá sucediendo infinitamente. Existen programas para que en un futuro deseado y bendito, el viaje sea más amoroso y feliz entre el mayor número de espíritus.

Y a partir de esa noche de Navidad, el nieto abrazó a su abuela; el hijo, su madre, aunque era infinitamente amado por su madre fallecida hacía mucho tiempo. La estrella de Navidad brilla todos los días, porque Jesucristo es la luz.

Y en muchas familias habrá nudos que desatar y solo lazos familiares que atar con amor.

Siempre hay algo que reparar, pero sin juzgar, porque cada espíritu sabe de sí mismo y, por la misericordia de Dios, siempre habrá nuevas oportunidades en el camino hacia una vida mejor.

En el hogar de esta familia la riqueza podía vivirse como un consuelo material, sin embargo el amor era la característica más definida y presente.

El señor Ernest también se quedó para la cena de Nochebuena. Y los ojos de Laurin brillaron, al igual que los de Frederico y Edgard, hijo.

Fin

Grandes Éxitos de Zibia Gasparetto

Con más de 20 millones de títulos vendidos, la autora ha contribuido para el fortalecimiento de la literatura espiritualista en el mercado editorial y para la popularización de la espiritualidad. Conozca más éxitos de la escritora.

Romances Dictados por el Espíritu Lucius

La Fuerza de la Vida

La Verdad de cada uno

La vida sabe lo que hace

Ella confió en la vida

Entre el Amor y la Guerra

Esmeralda

Espinas del Tiempo

Lazos Eternos

Nada es por Casualidad

Nadie es de Nadie

El Abogado de Dios

El Mañana a Dios pertenece

El Amor Venció

Encuentro Inesperado

Al borde del destino

El Astuto

El Morro de las Ilusiones

¿Dónde está Teresa?

Por las puertas del Corazón

Cuando la Vida escoge

Cuando llega la Hora

Cuando es necesario volver

Abriéndose para la Vida

Sin miedo de vivir

Solo el amor lo consigue

Todos Somos Inocentes

Todo tiene su precio

Todo valió la pena

Un amor de verdad

Venciendo el pasado

Otros éxitos de Andrés Luiz Ruiz y Lucius

Trilogía El Amor Jamás te Olvida

La Fuerza de la Bondad

Bajo las Manos de la Misericordia

Despidiéndose de la Tierra

Al Final de la Última Hora

Esculpiendo su Destino

Hay Flores sobre las Piedras

Los Peñascos son de Arena

Otros éxitos de Gilvanize Balbino Pereira

Linternas del Tiempo

Los Ángeles de Jade

El Horizonte de las Alondras

Cetros Partidos

Lágrimas del Sol

Salmos de Redención

El Hombre que había vivido demasiado

Libros de Eliana Machado Coelho y Schellida

Corazones sin Destino

El Brillo de la Verdad

El Derecho de Ser Feliz

El Retorno

En el Silencio de las Pasiones

Fuerza para Recomenzar

La Certeza de la Victoria

La Conquista de la Paz

Lecciones que la Vida Ofrece

Más Fuerte que Nunca

Sin Reglas para Amar

Un Diario en el Tiempo

Un Motivo para Vivir

¡Eliana Machado Coelho y Schellida, Romances que cautivan, enseñan, conmueven y pueden cambiar tu vida!

Romances de Arandi Gomes Texeira y el Conde J.W. Rochester

El Condado de Lancaster

El Poder del Amor

El Proceso

La Pulsera de Cleopatra

La Reencarnación de una Reina

Ustedes son dioses

Libros de Marcelo Cezar y Marco Aurelio

El Amor es para los Fuertes

La Última Oportunidad

Nada es como Parece

Para Siempre Conmigo

Solo Dios lo Sabe

Tú haces el Mañana

Un Soplo de Ternura

Libros de Vera Kryzhanovskaia y JW Rochester

La Venganza del Judío

La Monja de los Casamientos

La Hija del Hechicero

La Flor del Pantano

La Ira Divina

La Leyenda del Castillo de Montignoso

La Muerte del Planeta

La Noche de San Bartolomé

La Venganza del Judío

Bienaventurados los pobres de espíritu

Cobra Capela

Dolores

Trilogía del Reino de las Sombras

De los Cielos a la Tierra

Episodios de la Vida de Tiberius

Hechizo Infernal

Herculanum

En la Frontera

Naema, la Bruja

En el Castillo de Escocia (Trilogía 2)

Nueva Era

El Elixir de la larga vida

El Faraón Mernephtah

Los Legisladores

Los Magos

El Terrible Fantasma

El Paraíso sin Adán

Romance de una Reina

Luminarias Checas

Narraciones Ocultas

La Monja de los Casamientos

Libros de Elisa Masselli

Siempre existe una razón

Nada queda sin respuesta

La vida está hecha de decisiones

La Misión de cada uno

Es necesario algo más

El Pasado no importa

El Destino en sus manos

Dios estaba con él

Cuando el pasado no pasa

Apenas comenzando

Libros de Vera Lúcia Marinzeck de Carvalho
y Patricia

Violetas en la Ventana

Viviendo en el Mundo de los Espíritus

La Casa del Escritor

El Vuelo de la Gaviota

Vera Lúcia Marinzeck de Carvalho
y Antonio Carlos

Amad a los Enemigos

Esclavo Bernardino

la Roca de los Amantes

Rosa, la tercera víctima fatal

Cautivos y Libertos

Deficiente Mental

Aquellos que Aman

Cabocla

El Ateo

El Difícil camino de las drogas

En Misión de Socorro

La Casa del Acantilado

La Gruta de las Orquídeas

La Última Cena

Morí, ¿y ahora?

Las Flores de María

Nuevamente Juntos

Libros de Mônica de Castro y Leonel

A Pesar de Todo

Con el Amor no se Juega

De Frente con la Verdad

De Todo mi Ser

Deseo

El Precio de Ser Diferente

Gemelas

Giselle, La Amante del Inquisidor

Greta

Hasta que la Vida los Separe

Impulsos del Corazón

Jurema de la Selva

La Actriz

La Fuerza del Destino

Recuerdos que el Viento Trae

Secretos del Alma

Sintiendo en la Propia Piel

World Spiritist Institute

www.ingramcontent.com/pod-product-compliance
Lightning Source LLC
LaVergne TN
LVHW041814060526
838201LV00046B/1269